Karl Stabenow (Herausgeber)
Arthur Schopenhauer: Schriften über Musik

SEVERUS Verlag

Stabenow, Karl (Hrsg.): Arthur Schopenhauer: Schriften über Musik.
2013
Neuauflage der Ausgabe von 1922
ISBN: 978-3-86347-672-4

Umschlaggestaltung: SEVERUS Verlag

Bibliografische Information der Deutschen Nationalbibliothek: Die Deutsche Nationalbibliothek verzeichnet diese Publikation in der Deutschen Nationalbibliografie; detaillierte bibliografische Daten sind im Internet über https://dnb.de abrufbar.

Der SEVERUS Verlag ist ein Imprint der Bedey & Thoms Media GmbH, Hermannstal 119k, 22119 Hamburg

SEVERUS Verlag, 2013
http://www.severus-verlag.de
Gedruckt in Deutschland
Der SEVERUS Verlag übernimmt keine juristische Verantwortung oder irgendeine Haftung für evtl. fehlerhafte Angaben und deren Folgen.

Karl Stabenow (Herausgeber)

Arthur Schopenhauer:
Schriften über Musik

SEVERUS

MIX
Papier aus verantwortungsvollen Quellen
Paper from responsible sources
FSC® C105338

INHALTSVERZEICHNIS

	Seite
Einführung	7

Präludium über die Kunst.

1. Die Platonische Idee und Kants Ding an sich	33
2. Die Kunst, die Erkenntnisart der Ideen	37
3. Der ästhetisch Betrachtende und das Genie	38
4. Das ästhetische Wohlgefallen: das Schöne und das Erhabene	77
5. Über das innere Wesen der Kunst	89
6. Über die Rangordnung der Künste. — Ästhetik der Dichtkunst	96

Schriften über Musik.

I. Abhandlungen.

1. Ästhetik der Musik	109
2. Zur Metaphysik der Musik	130
3. Zur Metaphysik des Schönen und Ästhetik	147

II. Kurze Aufsätze und Bemerkungen.

1. Aus den Anmerkungen zu Kant	158
2. Philosophie und Kunst	159
3. Von der Musik	160
4. Bemerkungen:	
a) Persönliches:	
Haydn und Romberg	161
Mozart	162

b) Sachliches:

	Seite
Don Juan	164
Generalbaß	165
Norma	166
Orchester	167
Zauberflöte	167

III. Einige Verse:

Polyhymnia	169

Anhang.

1. Über die Sinne	170
2. Der Ton	179
3. Töne und Farben	180
4. Über Lärm und Geräusch	182
5. Über Urteil, Kritik, Beifall und Ruhm	187
Register	215

EINFÜHRUNG

I.

ber einen Freund habe ich, den ich immer von neuem lieber gewinne. Das ist mein alter, so mürrisch aussehender, und doch so tief liebevoller Schopenhauer!" schreibt Richard Wagner an Mathilde Wesendonk, und während seines ganzen Lebens hat er dem Frankfurter Weltweisen Verehrung und Treue bewahrt. Nie hat man ihn, so berichtet v. Hornstein, mit solchem Enthusiasmus einen Künstler oder Autor rühmen hören als Schopenhauer. Erst im Herbst 1854 — mehr als dreißig Jahre nach dem Erscheinen des Schopenhauerschen Hauptwerks: „Die Welt als Wille und Vorstellung" — lernte Wagner, der bisher Anhänger der lebensbejahenden Philosophie Feuerbachs gewesen war, durch den Dichter Herwegh Schopenhauers Schriften in der Stille seines Züricher Heims kennen. Befriedigte ihn die Ästhetik Schopenhauers und überraschte ihn dessen bedeutende Auffassung der Musik, so erschreckte ihn, den kampfbereiten, in rastloser Tätigkeit vorwärts stürmenden Willensmenschen der Abschluß des Systems: Verneinung des Willens und völlige Entsagung als endliche Erlösung. Erst als Herwegh ihn tröstend die Einsicht in die Nichtigkeit der Erscheinungswelt, die alle Tragik bestimme, ebnete, blickte er, so berichtet Wagner in seinen Lebenserinne-

rungen, auf sein Nibelungengedicht und erkannte mit Erstaunen, daß das, was ihn in der Theorie so befangen machte, in seiner eigenen Konzeption ihm längst vertraut geworden war; so verstand er erst selbst seinen Wotan. Erschüttert ging er von neuem an die Lektüre der Schriften Schopenhauers; immer wieder versenkte er sich „zur Stärkung" in unseres Philosophen Lehre, die ihm „wie ein Himmelsgeschenk" in seine Einsamkeit gekommen war, immer wieder wurde er von neuem zum Nachdenken angeregt. „Freund Schopenhauer" begleitete ihn von nun an auf seinem ganzen Lebensgange. Auch seine Freunde regte er zum Studium Schopenhauers an und versuchte sogar Lücken im System zu ergänzen. Noch im Dezember 1854 übersandte Wagner dem verehrten Denker ein Exemplar seines Nibelungengedichts mit der Widmung: „Aus Verehrung und Dankbarkeit". So innig der große Künstler den Philosophen ehrte, so wenig hat letzterer ihm Verständnis entgegengebracht. Schopenhauer ließ diese Huldigung unbeantwortet, las jedoch die Dichtung und versah sie mit kritischen Randbemerkungen. Ein Jahr später ließ er dem Dichterkomponisten durch Dr. Wille mitteilen: „Sagen Sie ihrem Freunde Wagner in meinem Namen Dank für die Zusendung seiner Nibelungen, allein er solle die Musik an den Nagel hängen, er hat mehr Genie zum Dichter! Ich, Schopenhauer, bleibe Rossini und Mozart treu". Auf einer späteren Durchreise durch Frankfurt wurde Wagner durch eine „sonderbare Scheu" verhindert, den Philosophen aufzusuchen; bald darauf starb Schopenhauer, die „Unberechenbarkeit des Schicksals" hatte nicht gewollt, daß der Denker und der Künstler einander begegneten. In der Festschrift „Beethoven" huldigt Wagner dem Philosophen. Er nimmt seine Gedanken über die Philosophie der Musik auf, ergänzt sie und bildet sie selbständig weiter. Ist für Schopenhauer Verneinung des Willens letztes Ziel, so erkennt dagegen Wagner in höchster Vervollkommnung der Seele, in der Liebe die Erlösung aus allen Weltwirren. Er versteht unter dem Worte Goethes: „Das ewig Weibliche zieht uns hinan" den Geist der Musik, der aus des Dichters tiefstem Bewußtsein sich emporschwingt, nun über ihm schwebt und ihn den Weg der Erlösung geleitet.

Vernunft und Begierde, Intellekt und Wille bilden in jedem Menschen eine gegensätzliche Doppelheit seines Wesens. Bei Schopenhauer und Wagner waren diese Gegenpole zu erschütternder Zwiespältigkeit entwickelt. Der ungestüme Wille verlangte Macht und Glanz, der Intellekt heischte Weltentsagung und Verneinung. Schon aus dieser verwandten Wesensart des Denkers und des Künstlers erklärt sich die Verwandtschaft der Lehre Schopenhauers mit der Kunst Wagners. Es bestand keine direkte Gedankenabhängigkeit Wagners, sondern eine sich immer mehr vertiefende Ähnlichkeit. Was Wagner in eigner Konzeption längst intuitiv erkannt hatte, fand er in Schopenhauers Philosophie ausgesprochen. Der Denker reichte dem Künstler „die seinen Anschauungen vollkommen congruierenden Begriffe" dar. Ohne Zweifel hat in dem reiferen Manne die weltflüchtige, lebensentsagende Philosophie Schopenhauers die lebensbejahende Grundstimmung der Jugend Wagners, die durch die Weltanschauung Feuerbachs bedingt war, zurückgedrängt. Aber Wagner geht in seinem

Denken und Dichten über Schopenhauer hinaus. Er, der den Geist der Musik nur in der Liebe fassen kann, sucht und findet „den von keinem Philosophen, auch nicht von Schopenhauer erkannten Heilsweg in der Liebe, die ihn vom Lebenswillen erlöst."

Bejahung und Verneinung des Willens sowie Erlösung durch die Liebe sind die Grundpfeiler des Lebens und Dichtens Richard Wagners. Alle Werke vom Fliegenden Holländer bis zum Parsifal werden von diesen drei Mächten beherrscht, die anfangs getrennt, später einander immer inniger durchdringen und endlich religiös-mystisch verklärt werden.

Friedrich Nietzsche hat die Werke Wagners sinnreich zu deuten versucht:

„Die Gestalten, welche ein Künstler schafft, sind nicht er selbst, aber die Reihenfolge der Gestalten, an denen er ersichtlich mit innigster Liebe hängt, sagt allerdings etwas über den Künstler selber aus. Nun stelle man Rienzi, den fliegenden Holländer und Senta, Tannhäuser und Elisabeth, Lohengrin und Elsa, Tristan und Marke, Hans Sachs, Wotan und Brünhilde sich vor die Seele; es geht ein verbindender unterirdischer Strom von sittlicher Veredelung und Vergrößerung durch alle hindurch, der immer reiner und geläuterter flutet — und hier stehen wir, wenn auch mit schamhafter Zurückhaltung, vor einem innersten Werden in Wagners eigner Seele.

Der Unstäte, Verzweifelte findet durch die erbarmende Liebe eines Weibes, das lieber sterben als ihm untreu sein will, die Erlösung von seiner Qual: das Motiv des fliegenden Holländers.

Die Liebende, allem eignen Glück entsagend, wird in

einer himmlischen Wandlung von amor in caritas, zur Heiligen und rettet die Seele des Geliebten: Motiv des Tannhäuser.

Das Herrlichste, Höchste kommt verlangend herab zu den Menschen und will nicht nach dem Woher? gefragt sein; es geht, als die unselige Frage gestellt wird, mit schmerzlichem Zwang in sein höheres Leben zurück: Motiv des Lohengrin.

Die liebende Seele des Weibes und ebenso das Volk nehmen willig den neuen beglückenden Genius auf, obschon die Pfleger des Überlieferten und Herkömmlichen ihn von sich stoßen und verlästern: Motiv der Meistersinger.

Zwei Liebende, ohne Wissen über ihr Geliebtsein, sich vielmehr tief verwundet und verachtet glaubend, begehren von einander den Todestrank zu trinken, scheinbar zur Sühne der Beleidigung, in Wahrheit aber aus einem unbewußten Drange: sie wollen durch den Tod von aller Trennung und Verstellung befreit sein. Die geglaubte Nähe des Todes löst ihre Seele und führt sie in ein kurzes schauervolles Glück, wie als ob sie wirklich dem Tag, der Täuschung, ja dem Leben entronnen wären: Motiv in Tristan und Isolde.

Im Ringe des Nibelungen ist der tragische Held ein Gott (Wotan), dessen Sinn nach Macht dürstet und der, indem er alle Wege geht, sie zu gewinnen, sich durch Verträge bindet, seine Freiheit verliert und in den Fluch, welcher auf der Macht liegt, verflochten wird. Er erfährt seine Unfreiheit gerade darin, daß er keine Mittel mehr hat, sich des goldenen Ringes, des Inbegriffs aller Erdenmacht und zugleich der höchsten Gefahren für ihn selbst, solange derselbe im Besitz seiner Feinde ist, zu bemächtigen: Die Furcht vor dem Ende und der Dämmerung aller Götter überkommt ihn und ebenso die Verzweiflung darüber, diesem Ende nur entgegensehen, nicht entgegenwirken zu können. Er bedarf des freien furchtlosen Menschen, welcher, ohne seinen Rat und Beistand, ja im Kampf wider die göttliche Ordnung, von sich aus die dem Gotte versagte Tat vollbringt: er sieht ihn nicht, und gerade dann, wenn eine neue Hoffnung noch erwacht, muß er dem Zwange, der ihn bindet, gehorchen: durch seine Hand muß das Liebste vernichtet, das reinste Mitleiden mit seiner Not bestraft werden. Da ekelt ihn endlich vor der Macht, welche das Böse und die Unfreiheit im Schoße trägt, sein Wille bricht sich, er selbst verlangt nach dem Ende, das ihm von ferne her droht. Und jetzt erst geschieht das früher Ersehnteste: der freie furchtlose Mensch erscheint, er ist im Widerspruche gegen alles Herkommen entstanden; seine Erzeuger büßen es, daß ein Bund wider die Ordnung der Natur und Sitte sich verknüpfte: sie gehen zugrunde, aber Siegfried lebt. Im Anblick seines herrlichen Werdens und Aufblühens weicht der Ekel aus der Seele Wotans. Er geht dem Geschicke des Helden mit dem Auge der väterlichsten Liebe und Angst nach. Wie er das Schwert sich schmiedet, den Drachen tötet, den Ring gewinnt, dem listigsten Truge entgeht, Brünnhilde erweckt, — wie der Fluch, der auf dem Ring ruht, auch ihn nicht verschont, ihm näh und näher kommt, wie er, treu in Untreue, das Liebste aus Liebe verwundend, von den Schatten und Nebeln der Schuld umhüllt wird, aber zuletzt lauter wie die Sonne heraustaucht und untergeht, den ganzen Himmel mit seinem Feuerglanze entzündend und die Welt vom Fluche reinigend, — das alles schaut der Gott, dem der waltende Speer im Kampfe mit dem Freiesten zerbrochen ist und der seine Macht an ihn verloren hat, voller Wonne am eigenen Unterliegen, voller Mit-Freude und Mit-Leiden mit seinem Überwinder. Sein Auge liegt mit dem Leuchten einer schmerzlichen Seligkeit auf den letzten Vorgängen: er ist frei geworden in Liebe, frei von sich selbst!"

Zum heiligen Graal aber kann Nietzsche uns nicht mehr geleiten, der Antichrist verargte es dem Bayreuther Meister, daß er im Parsifal „hilflos und zerbrochen" vor dem christlichen Kreuz niedergesunken sei.

Ungestümer Wille tritt in der Person des reinen Toren in die Mitleid heischende Welt der Klage. In Klingsor, der der Liebe um der Macht willen entsagt hat, und im Graal, dem ewigen Gnadenspender, treffen sinnliche und geistige Mächte feindlich aufeinander. Entsagung läutert den durch Mitleid wissenden, sich selbst überwindenden Parsifal. Als Retter und König findet und spendet er Heil und Erlösung durch des Graales Gnade.

Gipfelt Schopenhauers Heilslehre in tatenloser Entsagung, wie sie der Buddhismus lehrt, so wird Wagners Parsifal in der Hingabe an sittliche Pflichten, in tätigem brüderlich-christlichem Liebesdienste Erlösung zuteil.

Wäre Schopenhauers Philosophie nur in Richard Wagners Gedankenwelt Ereignis geworden, so gebührte ihm schon ein Ehrenplatz in der Musikgeschichte, aber sein Einfluß auf die Nachwelt ist ungleich tiefer und nachhaltiger. Seine tiefsinnigen Schriften über Musik, die den schönsten, erfreulichsten Teil seiner Werke bilden, sind bedeutsam für die moderne Musikästhetik geworden. Außer seinem Schüler Eduard v. Hartmann hat Friedrich Nietzsche, der aristokratische Pessimist, Schopenhauers Gedanken am geistreichsten weiter gesponnen; in seiner Abhandlung: „Die Geburt der Tragödie aus dem Geiste der Musik" entwickelt er seine musikalische Emanationstheorie und erläutert das Wesen der apollinischen oder Bildnerkunst und der dionysischen Kunst d. i. der Musik. Eine Synthese Schopenhauers, Richard Wagners und Äschylus' zu einem „zentaurischen Ganzen" soll die neue Kultur schaffen, die sich auf die ästhetische Weltanschauung gründet: „die ganze Welt ist nur um der Kunst willen von dem Ur-Einen geschaffen worden".

Schopenhauers Vorgänger und Zeitgenossen haben in der Geschichte der Musikästhetik geringere Bedeutung. In ihrer Gedankenwelt ist die Musik nicht ein so innig mit dem ganzen System unlösbar verknüpftes Glied wie bei unserem Philosophen. Kant hat der Musik als der „Sprache der Affekte" in seiner „Kritik der Urteilskraft" bedeutsame Worte gewidmet; doch stehen sie in ebenso losem Zusammenhang mit seiner Philosophie wie die Ausführungen Hegels in seinen „Vorlesungen über Aesthetik", wo er der Tonkunst allein Geist und Seele zuschreibt; Schelling erkennt in den Formen der Musik die Formen der ewigen Dinge. Weder Christian Hermann Weiße mit seiner Synthese Hegels und Schellings noch Herbart und Zimmermann mit ihrer Formalästhetik reichen in ihren Gedanken über Musik an die Tiefe der Schopenhauerschen Musikästhetik heran; auch die neueren Ästhetiker wie Lotze, Vischer-Köstlin, Fechner

u. a. konnten Schopenhauer nicht in den Schatten stellen. K. Grunsky, einer der jüngsten Musikästhetiker endlich, schließt seine Betrachtung über die „Musik als kosmisches Geschehen" mit den Worten: „Schopenhauer, Nietzsche und Wagner stimmen darin überein, daß die Bewegungen, welche der Erscheinungswelt zugrunde liegen, als Wollungen, als Erregungen eines Willens zu vermuten seien. Mit nichts kann man die kosmische Bewegung der Musik zutreffender erläutern, als indem man sie einem Willen entsprungen denkt, einem Willen, der sich in unendlich abgestufter Stärke und Erregungsart kundgibt. Als Willensäußerung wirkt die Musik wiederum auf den Willen der Menschen. Die Bewegung, um die es sich in der Tonkunst handelt, ist Bewegung eines Willens; der Ausdruck ist Ausdruck eines Willens; die Wirkung wirkt auf einen Willen, und unsere Empfindung, die auf Musik antwortet, kann nie ohne Willenserregung gedacht werden".

So zeigt sich die Nachwirkung der Musikästhetik Schopenhauers bis auf den heutigen Tag. Und sollte unser Philosoph auch mal in der musikalischen Fachlehre geirrt haben, so hat doch niemand das innere Wesen der Musik so genial erfaßt, niemand die erlösende Macht der Kunst, insbesondere der höchsten, der Tonkunst, so tief erkannt wie Schopenhauer. Er war und ist einer unserer größten Deuter der Sprache der Tonkunst und Führer in das Reich Polyhymnias.

II.

Arthur Schopenhauer wurde am 22. Februar 1788 als Sohn des wohlhabenden Kaufmanns Heinrich Floris Schopenhauer in Danzig geboren, seine Mutter Johanna Henriette geb. Trosiener war die Tochter eines Kaufmanns und Ratsherrn. Der Vater, ein rechtschaffener, cholerischer Charakter ließ im Verein mit der geistvollen, aber exaltierten Mutter dem Sohne die sorgfältigste Erziehung angedeihen, wenn auch ihre Häuslichkeit wenig harmonisch war. Obwohl zum Kaufmannsstande bestimmt, wurde Arthur schon früh mit Kunst und Wissenschaft vertraut.

Die Kindheitsjahre verlebte der Knabe vornehmlich auf dem Landsitz der Familie in Oliva. Aber dieses ruhige, glückliche Leben wurde jäh abgebrochen, als Heinrich Floris Schopenhauer aus Danzig auswanderte, weil er als freiheitsliebender Republikaner nicht ertragen konnte, daß seine Vaterstadt preußisch wurde. Die plötzliche Übersiedlung nach Hamburg fand nicht ohne Verluste statt. Fortan sollte die Familie nicht zur Ruhe kommen. Der Vater erwarb keine Heimatrechte als Bürger in Hamburg, sondern lebte dort als Fremder, und da die Mutter an stiller Häuslichkeit wenig Gefallen hatte, so finden wir die Familie oft auf Reisen. 1797 begleitete Arthur seinen Vater nach Frankreich und blieb bei einem Geschäftsfreunde des Vaters in Havre zurück. Hier wurde er mit dem gleichaltrigen Sohne des Hauses zwei Jahre lang liebevoll erzogen; in der lieblichen Stadt an der Mündung der Seine verlebte Arthur die angenehmsten Jahre seiner Jugend. Er beherrschte die französische

Sprache bald so gut, daß er bei seiner Rückkehr seinen
Vater höchlich erfreute; das Deutsche verstand er nur
noch mit größter Schwierigkeit. In Hamburg trat er nun
in die Rungesche Privatschule ein, die meist von Söhnen
reicher Hamburger Kaufleute besucht wurde; fast vier
Jahre blieb er dort. Gegen das Ende dieser Schulzeit
erfaßte ihn eine Neigung zu wissenschaftlichen Studien,
allein der Vater wies alle seine Bitten, sich dem Gelehr-
tenstand zu widmen, zurück, war doch ein Gelehrter in
den Augen des reichen Kaufmanns nur ein Hungerleider.
Er versprach nun, den Sohn auf einer großen europäischen Reise mitzunehmen, wenn er auf seine gelehrten
Pläne verzichtete. Einem solchen Angebot konnte Arthurs
jugendliches Gemüt doch nicht widerstehen, und so reiste
man 1803 von Hamburg ab. Die Eltern besuchten mit ihm
Holland, Frankreich, England, Schottland, die Schweiz
und Österreich. Über Dresden, Berlin und Danzig kehrten
sie nach zweijähriger Abwesenheit zurück. Waren diese
Wanderjahre auch für seine Schulbildung verloren, so
hatte Arthur doch dafür ausgiebig im Buche der Welt
gelesen und seinen Geist mit tiefen Eindrücken erfüllt.
Im Januar 1805 mußte Arthur als Lehrling beim Kaufmann
Jaenisch eintreten und eine Tätigkeit ausüben, die er ver-
abscheute. Täglich sparte er sich jedoch einige Zeit für
seine geliebten Bücher ab. Da starb sein Vater plötzlich
infolge eines Sturzes aus dem Speicher. Trotz stets
wachsender Unzufriedenheit mit dem kaufmännischen
Berufe, fuhr er doch aus Pietät gegen den Vater fort, bei
dem Kaufherrn zu arbeiten. Fast zwei Jahre verlor er
nutzlos im Kontor. Seiner Mutter, die in Weimar als
Romanschriftstellerin in der Gesellschaft eine bedeutende

Stellung erlangt hatte, klagte er in Briefen oft sein Leid. Als endlich ein Freund und Berater der Mutter, der Bibliothekar Fernow, den Sohn ermutigte, sich der wissenschaftlichen Laufbahn zu widmen, bezog er schon 19 Jahre alt das Gymnasium zu Gotha, dessen Direktor ihm überdies täglich lateinische Privatstunden gab. Allein diese glückliche Zeit währte nicht lange. Wegen Verspottung eines Lehrers der Anstalt mußte er die Schule verlassen; er besuchte nun das Gymnasium zu Weimar, wohnte jedoch nicht im Hause der Mutter: ihr Egoismus und sein reizbares Wesen machten ein Zusammenleben unmöglich. Von tiefstem Wissensdurst beseelt, arbeitete er so fleißig, daß er schon 1809 die Universität Göttingen zum Studium der Medizin beziehen konnte. Die Auszahlung seines väterlichen Vermögens verschaffte ihm eine Unabhängigkeit, auf die er stets stolz war. Schon im zweiten Semester widmete er sich allein der Philosophie. Wie er bereits damals über den Wert des Lebens dachte, erhellt aus einer Bemerkung dieser Zeit: „Nehmen wir aus dem Leben die wenigen Augenblicke der Religion, der Kunst und der reinen Liebe, was bleibt als eine Reihe trivialer Gedanken". Im Herbste des Jahres 1811 setzte er seine philosophischen Studien in Berlin fort, bis die Kriegsunruhen der nächsten Jahre ihn nach Weimar vertrieben. Bald zog er sich nach dem stillen Rudolstadt zurück, wo er seine Dissertation: „Über die vierfache Wurzel des Satzes vom zureichenden Grunde" vollendete, auf Grund welcher er im Oktober 1813 in Jena zum Doktor der Philosophie promoviert wurde.

Seine Abhandlung erwarb ihm das Interesse Goethes, der ihn nun häufig zu Unterhaltungen über Farbentheorie und Philosophie zu sich bat. Der Dichter erkannte des jungen Schopenhauer hohe Fähigkeiten sofort und ahnte, daß er noch einmal etwas Großes werden würde. Ein Zerwürfnis mit der Mutter, deren Lebenswandel ihm Anlaß zur Mißbilligung gegeben hatte, führte ihn jetzt nach Dresden. Zum Abschied hatte Goethe ihm „im Gefolg und zum Andenken mancher vertraulichen Gespräche" ins Stammbuch geschrieben:

„Willst Du Dich Deines Wertes freuen,
So mußt der Welt Du Wert verleihen."

und damit schon den Charakter des Verkünders der pessimistischen Weltanschauung richtig erkannt.

In Sachsens Kunststadt vollendete Schopenhauer sein philosophisches System und schrieb mit genialer Intuition sein Hauptwerk „Die Welt als Wille und Vorstellung", „nicht für die Zeitgenossen, nicht für die Landsgenossen, sondern für die Menschheit". Es folgt nun eine Erholungsreise nach Italien, wo er in heiligem Schauer die Stätten klassischer Kunst durchwanderte. Erst im August 1819 kehrte er zurück und bewarb sich um die venia legendi an der Berliner Universität. Bei der Probevorlesung kam es zu einem Zusammenstoß mit dem berühmten Philosophen Hegel, den zu bekämpfen er von nun an nie müde ward. Seine Dozententätigkeit war jedoch wenig erfolgreich, und bald stellte er seine Vorlesungen ganz ein. Der Sorge für seinen Unterhalt war er durch das väterliche Vermögen, das er durch kluge Maßnahmen zu erhalten wußte, für immer enthoben. Reisen und Studien füllen die nächsten Jahre aus, bis ihn 1831 die Cholera aus Berlin nach Mannheim vertreibt. Von 1833 bis zu seinem Tode lebte er in Frankfurt sorgenfrei in ruhigem, geregelten Dasein. Außer seinem Hauptwerk, das nach seiner Meinung wegen des Neides und der Mißgunst der Philosophieprofessoren gänzlich unbeachtet geblieben war, verfaßte er noch mehrere wissenschaftliche Schriften, z. B. Über den Willen in der Natur, über die Freiheit des menschlichen Willens, über die Grundlage der Moral u. a. 1843 beendete er Ergänzungen zu seinem Hauptwerke, 1851 erschienen Parerga und Paralipomena, geistvolle populäre Aufsätze als Zusätze zur systematischen Darstellung seiner Lehre.

Erst gegen das Ende seines Lebens wurde seine Philosophie anerkannt. Verehrer und Apostel, wie besonders Frauenstädt, Lindner und Asher, wetteiferten nun seine Gedanken zu verbreiten. Der Glanz des Ruhmes erhellte seine letzten Lebensjahre, „das Alter hat mir Rosen gebracht, aber weiße", sagte er resigniert von sich und tröstete sich mit den Worten Petrarkas: si quis, tota die currens, pervenit ad vesperam, satis est. (Wenn jemand den ganzen Tag läuft und bis zum Abend durchhält, dann hat er genug geleistet.)

Am 21. September 1860 ist Arthur Schopenhauer in Frankfurt a. M. gestorben.

Um die Persönlichkeit des Philosophen den Lesern menschlich näher zu bringen, füge ich folgende Berichte von Augenzeugen bei:

Der französische Staatsmann F o u c h e r d e C a r e i l schreibt:

„Als ich Schopenhauer zum ersten Male im Jahre 1849 an der Table d'hôte im «Englischen Hofe» zu Frankfurt sah, war er bereits ein Greis. Sein blaues, lebhaftes Auge, seine dünne Lippe, welche ein feines, sarkastisches

Lächeln umspielte, seine weite, von zwei weißen Haarlocken eingerahmte Stirne drückten der von Geist und Boshaftigkeit sprühenden Physiognomie das Siegel des Adels und der Vornehmheit auf. Seine Kleider, seine Spitzenkrause und weiße Kravatte erinnerten an einen Greis aus dem Ende des Zeitalters Ludwig XV.; seine Manieren waren die eines Mannes aus der guten Gesellschaft. Sehr zurückhaltend und von einem oft bis zum Mißtrauen gehenden Naturell, verkehrte er bloß mit seinen intimsten Freunden oder den Frankfurt besuchenden Fremden. Seine Bewegungen erreichten in der Konversation oft eine außerordentliche Lebhaftigkeit. Er haßte die eitlen Wortgefechte, dafür aber wußte er um so mehr den Reiz eines gründlichen und geistvollen Gespräches zu würdigen. Er beherrschte und sprach mit gleicher Fertigkeit vier Sprachen: das Französische, Englische, Deutsche, Italienische und so ziemlich auch das Spanische. Wenn er sprach, verbrämte er den etwas rauhen deutschen Kanevas mit seinen glänzenden lateinischen, griechischen, französischen, englischen und italienischen Arabesken. Sein Gespräch sprudelte nur so von witzigen Einfällen, Zitaten und interessanten Details und ließ die Stunden vergessen; manchmal lauschten ihm seine intimen Freunde bis Mitternacht, ohne daß sie ein Augenblick der Müdigkeit überkam, oder das Feuer seines Blickes erlosch. Seine ausdrucksvollen Worte fesselten die Zuhörer, sie malten und analysierten zugleich; ein Hauch von Empfindsamkeit vermehrte noch das Feuer seiner Beredsamkeit. Vor allem zeichnete sich sein Gespräch durch eine seltene Klarheit aus.

Glücklich diejenigen, denen es vergönnt war, diesen

letzten der Kauseure aus dem Zeitalter des vorigen Jahrhunderts zu hören! Er war in dieser Hinsicht ein Zeitgenosse Voltaires, Diderots und Chamforts."

Über die Tageseinteilung des Philosophen berichtet sein Freund und Biograph G w i n n e r :

„Sommer und Winter pflegte er zwischen sieben und acht Uhr morgens aufzustehen; dann wusch er sich den ganzen Oberkörper mit einem großen Schwamm und tauchte das Gesicht mit offenen Augen in kaltes Wasser. Dies hielt er zur Stärkung des Sehnervs für nützlich. Den Kaffee bereitete er sich selbst zu. Danach arbeitete er zwei Stunden lang, und niemand durfte ihn in dieser Zeit stören. Von elf Uhr an war er für Besuche zu sprechen. Nachdem er dann noch eine halbe Stunde Flöte gespielt hatte, rasierte er sich selbst und zog sich zum Mittagessen an. Zu diesem erschien er im Hotel stets im Frack und weißer Binde. Nach dem Essen schlief er eine Stunde zu Hause, trank dann seinen Nachmittagskaffee und unternahm darauf einen weiten Spaziergang, begleitet von seinem Pudel. Wenn es die Jahreszeit irgend erlaubte, badete er am Nachmittag im Main — er war ein vorzüglicher Schwimmer. Nach der Rückkehr von seinem Spaziergange, auf dem er eine Zigarre immer nur zur Hälfte zu rauchen pflegte, da er den feuchten Rest für schädlich hielt, besuchte er das Kasino oder die Lesegesellschaft, genoß in seinem Hotel eine kalte Fleischspeise und ging dann ins Konzert oder das Theater, falls er es nicht vorzog, den Abend daheim bei leichter Lektüre und einer Pfeife zu verbringen. Er rauchte aus fünf Fuß langen Weichselrohren; der Rauch sollte sich in ihnen gehörig abkühlen. Sein Schlafzimmer durfte nie geheizt werden; nur in eine leichte Decke gehüllt, schlief er auch im Winter stets bei offenem Fenster.

In der Führung der Korrespondenz war er ungemein sorgfältig und pünktlich. Peinliche Ordnung herrschte überhaupt in allen seinen persönlichen und geschäftlichen Angelegenheiten."

Man hat getadelt, daß Schopenhauers Leben mit seiner Lehre nicht im Einklang stand: Er predigte Entbehrung und Weltentsagung und führte selbst das behagliche Leben eines geistigen Epikureers, der weltlichen Genüssen nicht abhold war. Sein Charakterbild weist tiefe Schatten auf: Menschenverachtung, erbarmungsloser Haß gegen seine Feinde, Hochmut, im Alter sogar Eitelkeit, dazu übergroße Liebe zum Leben, auch zum Gelde, zeugen von dämonischer Kraft seines Trieblebens als Willensmensch. Gemildert wird solch Widerspruch durch sein eigenes Bekenntnis: „Ich habe wohl gelehrt, was ein Heiliger ist, bin aber selbst kein Heiliger." Das sei Sache der Gnade, wie ein Heiliger zu leben, äußerte er ein andermal.

Dieser Widerstreit zwischen Lehre und Leben besteht nur äußerlich, innerlich durchlebte, kämpfte und litt er alles, was er schrieb und dachte; der philosophische Mut, der keiner Frage ausweicht und sie bis zum harten Ende durchführt, zeichnet ihn vor allem aus. Darum sind alle seine Schriften Bekenntnisschriften und wie nur noch bei Nietzsche Spiegelbilder seiner genialen Persönlichkeit.

Bevor ich Schopenhauers Lehre in ihren Hauptzügen darstelle, will ich noch einiges über sein Verhältnis zur Musik mitteilen.

Schon als Knabe hatte er das Flötenspiel erlernt und

diese Kunst stets eifrig gepflegt; bis in sein hohes Alter widmete er dem Flötenspiel täglich eine bestimmte Zeit. Zuhörer hielt er fern, nur dem Flötenvirtuosen Drouet soll er einmal vorgespielt haben. Auch Gesangunterricht hatte er genommen; als Student lernte er überdies Gitarre spielen. Regelmäßig besuchte er Oper und Konzerte, auch die Freitags-Militärmusik der Frankfurter Garnison. Er bewunderte und liebte Mozart, verehrte Beethoven, besonders dessen Symphonien. Nach dem Anhören des zweiten Satzes der F-dur Symphonie hat er einmal ausgerufen: „Da meint man doch, aller Erdenpein sei man für ewig entronnen!" Seine höchste, schwärmerische Zuneigung galt jedoch dem Komponisten Rossini, gegen den ihm alles Andere schwerfällig vorkam. Er besaß Rossinis Opern für Flöte arrangiert und spielte alle von Jahr zu Jahr einmal durch. Für Karl Maria v. Weber hatte er wenig Sympathie, Wagners Kunst brachte er kein Verständnis entgegen.

Leider wurde seine Freude an der Musik durch ein vom Vater ererbtes Gehörleiden getrübt. Um die Mitte seines Lebens trat auf dem rechten Ohre sogar Taubheit ein, auch das linke nahm später allmählich an Gehörkraft ab.

Schopenhauer besaß auch musiktheoretische Kenntnisse. Vor Abfassung seiner Metaphysik der Musik studierte er mit großem Fleiße die Generalbaßlehre.

Somit ist bei ihm die Forderung, die man an jeden Ästhetiker stellen muß, daß er nicht nur Philosoph, sondern auch bis zu einem gewissen Grade Künstler sein müsse, erfüllt. Als genialer Künstler aber schaute der Philosoph intuitiv das Wesen der Welt; und wie der

Musiker im Triumph seine Kunst übt, reich und allgenugsam, auf seine Weise die Welt aussprechend und alle Rätsel lösend, so sprach auch der Philosoph Schopenhauer allgenugsam in seinem Material, den Begriffen, das Wesen der Welt aus, herausgehoben aus dem rastlosen Strom der Wissenschaft, hinübertretend zur feststehenden, ruhenden Kunst!

III.

Der Name des Hauptwerks Schopenhauers „Die Welt als Wille und Vorstellung" gibt schon in nuce den Inhalt seiner Lehre.

Die Welt ist meine Vorstellung ist für ihn eine Grundwahrheit wie für Plato und Kant, die unser Philosoph als seine Meister verehrte. Unsere Anschauungsformen von Raum und Zeit sowie die Denkformen, die er im Gegensatz zu Kant hauptsächlich in der Kausalität sieht, schaffen erst die Welt. Diese Welt des Philosophen ist nun eine andere als die des gewöhnlichen Menschen: sie ist Erscheinung, die durch das Objekt bedingt ist.

Wie die großen Philosophen der Neuzeit Descartes, Spinoza und Leibniz sieht Schopenhauer den Urgrund aller Dinge im Geistigen. Hatte Leibniz in den Monaden die letzten Elemente der Welt, die sich unserem Bewußtsein als Welt der Farben und Töne darstellt, gesehen, so versucht Kant, der der Erkenntnistheorie neue Bahnen gewiesen hat, nicht den Schleier, den unsere Sinne über die Dinge breiten, zu heben. Für ihn bleibt der Urgrund aller Dinge, das Ding an sich, das große Geheimnis, das wie das verschleierte Bild zu Sais den Menschen verhüllt bleiben soll. Schopenhauer sucht mit genialer Intuition das Rätsel zu lösen. Er erkennt in dem Dinge an sich den Willen, der nicht nur der Kern unseres Wesens, sondern auch der Urgrund alles Seins ist. Er faßt aber den Willen weiter als wir gewohnt sind. Wille ist für ihn nicht nur der durch Zweckvorstellungen geleitete Trieb des Menschen, er ist wesensgleich auch im Tier- und Pflanzenreich, ja sogar in der anorganischen Natur zu finden. „Wenn wir die unorganische Welt mit forschenden Blicken betrachten, wenn wir den gewaltigen unaufhaltsamen Drang sehen, mit dem die Gewässer der Tiefe zueilen, die Beharrlichkeit, mit welcher der Magnet sich immer wieder zum Nordpol wendet, die Sehnsucht, mit der das Eisen zu ihm fliegt, die Heftigkeit, mit welcher die Pole der Elektrizität zur Wiedervereinigung streben und welche, gerade wie die der menschlichen Wünsche durch Hindernisse gesteigert wird; wenn wir den Krystall schnell und plötzlich anschießen sehen, mit soviel Regelmäßigkeit der Bildung, die offenbar nur eine von Erstarrung begriffene und festgehaltene, ganz entschiedene und genau bestimmte Bestrebung nach verschiedenen Richtungen ist; wenn wir die Auswahl bemerken, mit der die Körper, durch den Zustand der Flüssigkeit in Freiheit gesetzt und den Banden der Starrheit entzogen, sich suchen und fliehen, vereinigen und trennen; wenn wir endlich ganz unmittelbar fühlen, wie eine Last, deren Streben zur Erdmasse unser Leib hemmt, auf diesen unablässig drückt und drängt, ihre einzige Bestrebung verfolgend: so wird es uns keine große Anstrengung der Einbildungskraft kosten, selbst aus so großer Entfernung unser eigenes Wesen wieder zu erkennen, jenes nämliche, das in uns beim Lichte der Erkenntnis seine Zwecke verfolgt, hier aber, in der schwächsten seiner Erscheinungen, nur blind, dumpf, einseitig und unveränderlich strebt, jedoch, weil es überall eines und dasselbe ist, — so gut wie die erste Morgendämmerung mit den Strahlen des vollen Mittags den Namen des Sonnenlichts teilt, — auch hier wie dort den Namen Wille führen muß, welcher das bezeichnet, was das Sein an sich jedes Dinges in der Welt und der alleinige Kern jeder Erscheinung ist."

Mit der voluntaristischen Psychologie Schopenhauers ist seine Ethik aufs engste verknüpft. Er sieht in dem Optimismus eines Leibniz eine ruchlose Weltauffassung; denn für ihn ist diese Welt die schlechteste aller denkbaren Welten. Sein Pessimismus, den er mit glänzender Beredsamkeit vorträgt, hat nicht nur auf die deutsche, sondern auf die europäische Kultur und Literatur große Wirkung ausgeübt.

Der Wille ist nach seiner Lehre vor allem auf die Erhaltung des Lebens gerichtet, er ist wie die Gattung im Gegensatz zum Individuum unsterblich. Das Sinnen und Trachten des gewöhnlichen Menschen, dieser „Fabrikware der Natur", ist nur auf Befriedigung des Willens gerichtet und wirkt sich hauptsächlich im Selbsterhaltungs- und Fortpflanzungstriebe aus. Für den denkenden und empfindsamen Menschen aber ist Leben Leiden, am tiefsten erfaßt der Jammer des Daseins das Genie.

„Wenn man jedem die entsetzlichen Schmerzen und Qualen, denen sein Leben beständig offensteht, vor die Augen bringen wollte, so würde ihn Grausen ergreifen, und wenn man den verstocktesten Optimisten durch die

Krankenspitäler, Lazarette und chirurgischen Marterkammern, durch die Gefängnisse, Folterkammern und Sklavenställe, über Schlachtfelder und Gerichtsstätten führen, dann alle die finstern Behausungen des Elends, wo es sich vor den Blicken kalter Neugier verkriecht, ihm öffnen und zum Schluß in den Hungerturm des Ugolino blicken lassen wollte, so würde sicherlich auch er zuletzt einsehen, welcher Art dieser meilleur des mondes possibles ist. Darum ist das Nichtsein dem Sein entschieden vorzuziehen, wie denn schwerlich ein Mensch am Ende seines Lebens aufrichtig wünschen wird, es nochmals durchzumachen. Die durchgängige Beschaffenheit des Lebens stellt sich dar, als darauf abgesehen und berechnet, die Überzeugung zu erwecken, daß garnichts unseres Strebens, Treibens und Ringens wert sei, daß alle Güter nichtig seien, die Welt an allen Enden bankerott und das Leben ein Geschäft, das nicht die Kosten deckt: auf daß unser Wille sich davon abwende."

Für den guten, den höheren Menschen kann deshalb nur grenzenloses Mitleid mit allen lebenden Wesen, guten und schlechten, Mensch und Tier der festeste und sicherste Bürge für das sittliche Wohlverhalten sein. Wer davon erfüllt ist, wird zuverlässig keinen verletzen, keinen beeinträchtigen, keinem wehe tun, vielmehr mit jedem Nachsicht haben, jedem verzeihen, jedem helfen, soviel er vermag, und alle seine Handlungen werden das Gepräge der Gerechtigkeit und Menschenliebe tragen.

Es gibt kein schöneres Gebet als das, womit die altindischen Schauspiele schließen: „Mögen alle lebenden Wesen von Schmerzen frei bleiben".

Viele Menschen suchen aus der Welt, die Schopenhauer nicht müde wird als Jammertal zu schildern, durch Selbstmord zu fliehen, aber vergeblich. Denn selbst der Tod ist kein Erlöser, zertritt er doch nur das Individuum, aber nicht den Kern desselben, den Willen zum Leben. Der einzige Weg zur Erlösung ist die Verneinung des Willens zum Leben. Dann geht der Mensch ein in das Nichts, in das Nirwana, in welchem allein die absolute Ruhe, die Meeresstille des Gemüts zu finden ist. Schopenhauer preist Mönchstum und Askese, er sieht im Buddhismus die höchste Religion. Nur der Heilige lebt in stetem Frieden, in Freudigkeit und Himmelsruhe bis auf jenen letzten glimmenden Funken, der den Leib erhält und mit ihm erlöschen wird, ruhig und lächelnd blickt er zurück auf die Gaukelbilder dieser Welt, die einst auch sein Gemüt zu bewegen und zu peinigen vermochten.

Für Augenblicke kann sich der Mensch aus diesem Jammertale des Lebens durch die ästhetische Anschauung erheben. Die Kunst ist das Quietiv, das den ewigen rastlosen Willen vorübergehend in der Betrachtung der ewigen Urbilder, der platonischen Ideen beruhigt. Das Subjekt verliert sich hierbei selbst und wird reines Objekt des Erkennens. Unser Denker ist wie wenige auserwählte Geister von der Macht der Kunst ergriffen worden und hat der Menschheit geistvollste Ausführungen über die Ästhetik der verschiedenen Künste geschenkt.

Er läßt in der Rangordnung der Künste die Architektur den Reigen eröffnen. Sie führt noch den Kampf zwischen Starrheit und Schwere, zwischen Licht und Dunkel. An die Baukunst schließen sich die Wasserkunst und die Gartenkunst. Die bildenden Künste, die es nicht mehr mit der anorganischen Masse zu tun haben, stehen auf einer höheren Stufe, doch mit der Poesie können sie nicht wetteifern. Die Dichtkunst zeigt den Menschen in der zusammenhängenden Reihe seiner Bestrebungen und Handlungen, den Gipfel erreicht sie in der Tragödie, die uns den namenlosen Schmerz, den Jammer der Menschheit, den Triumph der Bosheit, die höhnende Herrschaft des Zufalls und den rettungslosen Fall des Gerechten und Unschuldigen vorführt. Hier tritt uns der höchste Grad des Erhabenen entgegen.

Unter allen Künsten nimmt endlich die Musik eine Sonderstellung ein, ihr räumt Schopenhauer die letzte, die höchste Stufe im Reiche der Künste ein. Denn während die anderen Künste Abbilder der Ideen bleiben, ist sie ein Abbild des Willens, wie die Welt selbst es ist. Die andern Künste reden nur vom Schatten, sie aber redet vom Wesen. Die Musik ist die Melodie, zu der die Welt der Text ist; sie spricht eine Sprache, die dem Kern unseres Ich wesensgleich ist: darum ist ihre Wirkung so unmittelbar, tief und machtvoll, sie zieht an uns vorüber als ein vertrautes und doch unerklärliches, ewig fernes Paradies und wird zur größten Trösterin der Menschheit.

Schopenhauers originale und wahrhaft tiefe Gedanken sind in einer meisterhaften Sprache mit hinreißender Beredsamkeit vorgetragen. Seinen Stil kennzeichnen nicht nur Anschaulichkeit und logische Schärfe, sondern auch künstlerische Schönheit und Schmuck der Rede. Er ist immer und überall interessant, niemals langweilig. „Ich gehöre zu den Lesern Schopenhauers, sagte Nietzsche, welche, nachdem sie die erste Seite von ihm gelesen haben, mit Bestimmtheit wissen, daß sie alle

Seiten lesen und auf jedes Wort hören werden, das er überhaupt gesagt hat."

Wie kaum ein anderer Philosoph hat Schopenhauer die Geister seiner und unserer Zeit tief erregt, getröstet und erhoben; die Auswirkung seiner Lehre ist noch lange nicht erschöpft, seine Philosophie wird sicher noch die Denker der kommenden Jahrhunderte beschäftigen.

Im Präludium, dem ersten Teil des Schopenhauertextes, biete ich Abschnitte aus seiner Ästhetik über das Objekt und das Subjekt der Kunst, den ästhetischen Genuß und die Dichtkunst.

Der zweite Teil enthält alle Schriften Schopenhauers über Musik.

Im Schlußteil vereinige ich einige mit dem Thema verknüpfte, den Künstler und den Kunstfreund interessierende Kapitel.

Das angefügte Register soll den Gebrauch des Buches erleichtern.

Schopenhauers Werke (W.) und seinen handschriftlichen Nachlaß (N.) zitiere ich nach der von Eduard Grisebach in Reclams Verlag, Leipzig, besorgten Ausgabe.

Berlin-Weißensee, im Januar 1922.

KARL STABENOW.

Arthur Schopenhauer

PRÄLUDIUM ÜBER DIE KUNST

1. DIE PLATONISCHE IDEE UND KANTS DING AN SICH.
(W. I. 235. 236. 239—241.)

Platons Lehre:

„Die Dinge dieser Welt, welche unsere Sinne wahrnehmen, haben gar kein wahres Sein: sie werden immer, sind aber nie: sie haben nur ein relatives Sein, sind insgesamt nur in und durch ihr Verhältnis zu einander: man kann daher ihr ganzes Dasein ebenso wohl ein Nichtsein nennen. Sie sind folglich auch nicht Objekte einer eigentlichen Erkenntnis (επιστημη): denn nur von dem, was an und für sich und immer auf gleiche Weise ist, kann es eine solche geben: sie hingegen sind nur das Objekt eines durch Empfindung veranlaßten Dafürhaltens (δοξα μετ' αισθησεως αλογου). So lange wir nun auf ihre Wahrnehmung beschränkt sind, gleichen wir Menschen, die in einer finstern Höhle so fest gebunden säßen, daß sie auch den Kopf nicht drehen könnten, und nichts sähen, als beim Lichte eines hinter ihnen brennenden Feuers, an der Wand ihnen gegenüber, die Schattenbilder wirklicher Dinge, welche zwischen ihnen und dem Feuer vorübergeführt würden, und auch sogar von einander, ja jeder von sich selbst, eben nur die Schatten auf jener Wand. Ihre Weisheit aber wäre, die aus Erfahrung erlernte Reihenfolge jener Schatten vorher zu sagen. Was nun hingegen allein wahrhaft Seiend (*οντως ον*) genannt werden kann, weil es i m m e r i s t, a b e r n i e w i r d, n o c h v e r g e h t: das sind die realen Urbilder jener Schattenbilder: es sind die ewigen Ideen, die Urformen aller Dinge. Ihnen kommt k e i n e V i e l h e i t zu: denn jedes ist seinem Wesen nach nur Eines, indem es das Urbild selbst ist, dessen Nachbilder, oder Schatten, alle ihm gleichnamige, einzelne, vergängliche Dinge derselben Art sind. Ihnen kommt auch k e i n E n t s t e h e n u n d V e r g e h e n zu: denn sie sind wahrhaft seiend, nie aber werdend, noch untergehend, wie ihre hinschwindenden Nachbilder. (In diesen beiden verneinenden Bestimmungen ist aber notwendig als Voraussetzung enthalten, daß Zeit, Raum und Kausalität für sie keine Bedeutung noch Gültigkeit haben, und sie nicht in diesen da sind.) Von ihnen allein daher gibt es eine eigentliche Erkenntnis, da das Objekt einer solchen nur Das sein kann, was immer und in jedem Betracht (also an sich) ist; nicht Das, was ist, aber auch wieder nicht ist, je nachdem man es ansieht." —

K a n t s L e h r e:

„Zeit, Raum und Kausalität sind nicht Bestimmungen des Dinges an sich; sondern gehören nur seiner Erscheinung an, indem sie nichts, als Formen unserer Erkenntnis sind. Da nun aber alle Vielheit und alles Entstehen und Vergehen allein durch Zeit, Raum und Kausalität möglich sind; so folgt, daß auch jene allein der Erscheinung, keineswegs dem Dinge an sich anhängen. Weil unsere Erkenntnis aber durch jene Formen bedingt ist; so ist die gesamte Erfahrung nur Erkenntnis der Erscheinung, nicht des Dinges an sich: daher auch können ihre Gesetze nicht auf das Ding an sich geltend gemacht werden. Selbst auf unser eigenes Ich erstreckt sich das Gesagte, und wir erkennen es nur als Erscheinung, nicht nach dem, was es an sich sein mag."

Es ist offenbar und bedarf keiner weiteren Nachweisung, daß der innere Sinn beider Lehren ganz derselbe ist, daß beide die sichtbare Welt für eine Erscheinung erklären, die an sich nichtig ist und nur durch das in ihr sich Ausdrückende (dem Einen das Ding an sich, dem Andern die Idee) Bedeutung und geborgte Realität hat; welchem letzteren, wahrhaft Seienden aber, beiden Lehren zufolge, alle, auch die allgemeinsten und wesentlichsten Formen jener Erscheinung durchaus fremd sind. Kant hat, um diese Formen zu verneinen, sie unmittelbar selbst in abstrakten Ausdrücken gefaßt und geradezu Zeit, Raum und Kausalität, als bloße Formen der Erscheinung, dem Ding an sich abgesprochen: Platon dagegen ist nicht bis zum obersten Ausdruck gelangt, und hat jene Formen nur mittelbar seinen Ideen abgesprochen, indem er das, was allein durch jene Formen möglich ist, von den Ideen verneint, nämlich Vielheit des Gleichartigen, Entstehen und Vergehen.

Dennoch ist uns, bei aller inneren Übereinstimmung zwischen Kant und Platon, und der Identität des Zieles, das beiden vorschwebte oder der Weltanschauung, die sie zum Philosophieren aufregte und leitete, Idee und Ding an sich nicht schlechthin Eines und dasselbe: vielmehr ist uns die Idee nur die unmittelbare und daher adäquate Objektität des Dinges an sich, welches selbst aber der W i l l e ist, der Wille, sofern er noch nicht objektiviert, noch nicht Vorstellung geworden ist.

D i e   e i n z e l n e n   D i n g e aber sind keine ganz adäquate Objektität des Willens, sondern diese ist hier schon getrübt durch jene Formen, deren gemeinschaftlicher Ausdruck der Satz vom Grunde ist, welche aber Bedingung der Erkenntnis sind, wie sie dem Individuo als solchem möglich ist. — Wir würden in der Tat, wenn es erlaubt ist, aus einer unmöglichen Voraussetzung zu folgern, gar nicht mehr einzelne Dinge, noch Begebenheiten, noch Wechsel, noch Vielheit erkennen, sondern nur Ideen, nur die Stufenleiter der Objektivation jenes einen Willens, des wahren Dinges an sich, in reiner ungetrübter Erkenntnis auffassen, und folglich würde unsere Welt ein Nunc stans sein; wenn wir nicht, als Subjekt des Erkennens, zugleich Individuen wären, d. h. unsere Anschauung nicht vermittelt wäre durch einen Leib, von dessen Affektionen sie ausgeht, und welcher selbst nur konkretes Wollen, Objektität des Willens, also Objekt unter Objekten ist und als solches, so wie er in das erkennende Bewußtsein kommt, dieses nur in den Formen des Satzes vom Grunde kann, folglich die Zeit und alle anderen Formen, die jener Satz ausdrückt, schon voraussetzt und dadurch einführt. Die Zeit ist bloß die verteilte und zerstückelte Ansicht, welche ein individuelles Wesen von den Ideen hat, die außer der Zeit, mithin e w i g sind: daher sagt Plato, die Zeit sei das bewegte Bild der Ewigkeit.

2. DIE KUNST, DIE ERKENNTNISART DER IDEEN.
(W I. 251.)

Welche Erkenntnisart betrachtet jenes außer und unabhängig von aller Relation bestehende, allein eigentlich Wesentliche der Welt, den wahren Gehalt ihrer Erscheinungen, das keinem Wechsel Unterworfene und daher für alle Zeit mit gleicher Wahrheit Erkannte, mit einem Wort, die I d e e n, welche die unmittelbare und adäquate Objektität des Dinges an sich, des Willens, sind? — Es ist die K u n s t, das Werk des Genius. Sie wiederholt die durch reine Kontemplation aufgefaßten ewigen Ideen, das Wesentliche und Bleibende aller Erscheinungen der Welt, und je nachdem der Stoff ist, in welchem sie wiederholt, ist sie bildende Kunst, Poesie oder Musik. Ihr einziger Ursprung ist die Erkenntnis der Ideen; ihr einziges Ziel Mitteilung dieser Erkenntnis. — Während die Wissenschaft, dem rast- und bestandlosen Strom vierfach gestalteter Gründe und Folgen nachgehend, bei jedem erreichten Ziel immer wieder weiter gewiesen wird und nie ein letztes Ziel, noch völlige Befriedigung finden kann, so wenig als man durch Laufen den Punkt erreicht, wo die Wolken den Horizont berühren; so ist dagegen die Kunst überall am Ziel. Denn sie reißt das Objekt ihrer Kontemplation heraus aus dem Strome des Weltlaufs und hat es isoliert vor sich: und dieses Einzelne, was in jenem Strom ein verschwindend kleiner Teil war, wird ihr ein Repräsentant des Ganzen, ein Aequivalent des in Raum und Zeit unendlich Vielen: sie bleibt daher bei diesem Einzelnen stehen: das Rad der Zeit hält sie an: die Relationen verschwinden ihr: nur das Wesentliche, die Idee, ist ihr Objekt. — Wir können sie daher geradezu bezeichnen als die Betrachtungsart der Dinge unabhängig vom Satze des Grundes, im Gegensatz der gerade diesem nachgehenden Betrachtung, welche der Weg der Erfahrung und Wissenschaft ist. Diese letztere Art der Betrachtung ist einer unendlichen, horizontal laufenden Linie zu vergleichen; die erstere aber der sie in jedem beliebigen Punkte schneidenden senkrechten. Die dem Satz vom Grunde nachgehende ist die vernünftige Betrachtungsart, welche im praktischen Leben, wie in der Wissenschaft, allein gilt und hilft: die vom Inhalt jenes Satzes wegsehende ist die geniale Betrachtungsart, welche in der Kunst allein gilt und hilft. Die erstere ist die Betrachtungsart des Aristoteles; die zweite ist im Ganzen die des Platon. Die erstere gleicht dem gewaltigen Sturm, der ohne Anfang und Ziel dahinfährt, alles beugt, bewegt, mit sich fortreißt; die zweite dem ruhigen Sonnenstrahl, der den Weg dieses Sturmes durchschneidet, von ihm ganz unbewegt. Die erstere gleicht den unzähligen, gewaltsam bewegten Tropfen des Wasserfalls, die stets wechselnd, keinen Augenblick rasten: die zweite dem auf diesem tobenden Gewühl stille ruhenden Regenbogen. —

3. DER ÄSTHETISCH BETRACHTENDE UND DAS GENIE.

(W. I. 244—247. — W. II. 442—466. — W. I. 258.)

Wenn man durch die Kraft des Geistes gehoben, die gewöhnliche Betrachtungsart der Dinge fahren läßt, aufhört, nur ihren Relationen zu einander, deren letztes Ziel immer die Relation zum eigenen Willen ist, am Leitfaden der Gestaltungen des Satzes vom Grunde, nachzugehen, also nicht mehr das Wo, das Wann, das Warum und das Wozu an den Dingen betrachtet; sondern einzig und allein das W a s ; auch nicht das abstrakte Denken, die Begriffe der Vernunft, das Bewußtsein einnehmen läßt; sondern statt alles diesen, die ganze Macht seines Geistes der Anschauung hingibt, sich ganz in diese versenkt und das ganze Bewußtsein ausfüllen läßt durch die ruhige Kontemplation des gerade gegenwärtigen natürlichen Gegenstandes, sei es eine Landschaft, ein Baum, ein Fels, ein Gebäude oder was auch immer; indem man, nach einer sinnvollen deutschen Redensart, sich gänzlich in diesen Gegenstand v e r l i e r t, d. h. eben sein Individuum, seinen Willen, vergißt und nur noch als reines Subjekt, als klarer Spiegel des Objekts bestehend bleibt; so daß es ist, als ob der Gegenstand allein da wäre, ohne jemanden, der ihn wahrnimmt, und man also nicht mehr den Anschauenden von der Anschauung trennen kann, sondern beide Eines geworden sind, indem das ganze Bewußtsein von einem einzigen anschaulichen Bilde gänzlich gefüllt und eingenommen ist; wenn also solchermaßen das Objekt aus aller Relation zu etwas außer ihm, das Subjekt aus aller Relation zum Willen getreten ist: dann ist, was also erkannt wird, nicht mehr das einzelne Ding als solches; sondern es ist die I d e e, die ewige Form, die unmittelbare Objektität des Willens auf dieser Stufe: und eben dadurch ist zugleich der in dieser Anschauung Begriffene nicht mehr Individuum: denn das Individuum hat sich eben in solche Anschauung verloren: sondern er ist r e i n e s, willenloses, schmerzloses, zeitloses S u b j e k t d·e r E r k e n n t n i s. In solcher Kontemplation nun wird mit einem Schlage das einzelne Ding zur I d e e seiner Gattung und das anschauende Individuum zum r e i n e n S u b j e k t d e s E r k e n n e n s. Das Individuum als solches erkennt nur einzelne Dinge; das reine Subjekt des Erkennens nur Ideen. Denn das Individuum ist das Subjekt des Erkennens in seiner Beziehung auf eine bestimmte einzelne Erscheinung des Willens, und dieser dienstbar. Diese einzelne Willenserscheinung ist als solche dem Satz vom Grunde, in allen seinen Gestaltungen, unterworfen: alle auf dasselbe sich beziehende Erkenntnis folgt daher auch dem Satz vom Grunde, und zum Behuf des Willens taugt auch keine andere als diese, welche immer nur Relationen zum Objekt hat. Das erkennende Individuum als solches und das von ihm erkannte einzelne Ding sind immer irgendwo, irgendwann und Glieder in der Kette der Ursachen und Wirkungen. Das reine Subjekt der Erkenntnis und sein Korrelat, die Idee, sind aus allen jenen Formen des Satzes vom Grunde herausgetreten: die Zeit, der Ort, das Individuum, welches erkennt, und das Individuum, welches erkannt wird, haben für sie keine Bedeutung. Allererst indem auf die beschriebene Weise ein erkennendes Individuum sich zum reinen Subjekt des Erkennens und eben damit das betrachtete Objekt zur Idee erhebt, tritt die W e l t a l s V o r s t e l l u n g gänzlich und rein hervor, und geschieht die vollkommene Objektivation des Willens, da allein die Idee seine a d ä q u a t e O b j e k t i t ä t ist. Diese schließt Objekt und Subjekt auf gleiche Weise in sich, da solche ihre einzige

Form sind: in ihr halten sich aber beide ganz das Gleichgewicht: und wie das Objekt auch hier nichts als die Vorstellung des Subjekts ist, so ist auch das Subjekt, indem es im angeschauten Gegenstand ganz aufgeht, dieser Gegenstand selbst geworden, indem das ganze Bewußtsein nichts mehr ist, als dessen deutlichstes Bild. Dieses Bewußtsein eben, indem man sämtliche Ideen, oder Stufen der Objektität des Willens, der Reihe nach, durch dasselbe durchgehend sich denkt, macht eigentlich die ganze W e l t a l s V o r s t e l l u n g aus. Die einzelnen Dinge aller Zeiten und Räume sind nichts, als die durch den Satz vom Grund (die Form der Erkenntnis der Individuen als solcher) vervielfältigten und dadurch in ihrer reinen Objektität getrübten Ideen. Wie, indem die Idee hervortritt, in ihr Subjekt und Objekt nicht mehr zu unterscheiden sind, weil erst indem sie sich gegenseitig vollkommen erfüllen und durchdringen, die Idee, die adäquate Objektität des Willens, die eigentliche Welt als Vorstellung, ersteht: ebenso sind auch das dabei erkennende und das erkannte Individuum, als Dinge an sich, nicht unterschieden. Denn sehen wir von jener eigentlichen W e l t a l s V o r s t e l l u n g gänzlich ab, so bleibt nichts übrig, denn die W e l t a l s W i l l e. Der Wille ist das Ansich der Idee, die ihn vollkommen objektiviert; er auch ist das Ansich des einzelnen Dinges und des dasselbe erkennenden Individuums, die ihn unvollkommen objektivieren. Als Wille, außer der Vorstellung und allen ihren Formen, ist er einer und derselbe im kontemplierten Objekt und im Individuo, welches sich an dieser Kontemplation emporschwingend als reines Subjekt seiner bewußt wird: jene beiden sind daher an sich nicht unterschieden: denn an sich sind sie der Wille, der hier sich selbst erkennt, und nur als die Art und Weise wie ihm diese Erkenntnis wird, d. h. nur in der Erscheinung, ist, vermöge ihrer Form, des Satzes vom Grund, Vielheit und Verschiedenheit. So wenig ich ohne das Objekt, ohne die Vorstellung, erkennendes Subjekt bin, sondern bloßer blinder Wille; ebenso wenig ist ohne mich, als Subjekt des Erkennens, das erkannte Ding Objekt, sondern bloßer Wille, blinder Drang. Dieser Wille ist an sich, d. h. außer der Vorstellung, mit dem meinigen Einer und derselbe: nur in der Welt als Vorstellung, deren Form allemal wenigstens Subjekt und Objekt ist, treten wir auseinander als erkanntes und erkennendes Individuum. Sobald das Erkennen, die Welt als Vorstellung, aufgehoben ist, bleibt überhaupt nichts übrig, als bloßer Wille, blinder Drang. Daß er Objektität erhalte, zur Vorstellung werde, setzt, mit Einem Schlage, sowohl Subjekt als Objekt: daß aber diese Objektität rein, vollkommen, adäquate Objektität des Willens sei, setzt das Objekt als Idee, frei von den Formen des Satzes vom Grunde, und das Subjekt als reines Subjekt der Erkenntnis, frei von Individualität und Dienstbarkeit dem Willen.

Wer nun besagtermaßen sich in die Anschauung der Natur so weit vertieft und verloren hat, daß er nur noch als rein erkennendes Subjekt da ist, wird eben dadurch unmittelbar inne, daß er als solches die Bedingung, also der Träger, der Welt und alles objektiven Daseins ist, da dieses nunmehr als von dem seinigen abhängig sich darstellt. Er zieht also die Natur in sich hinein, so daß er sie nur noch als ein Akzidenz seines Wesens empfindet.

VOM GENIE.

Die überwiegende Fähigkeit zu der Erkenntnisweise der uninteressierten Anschauung, aus welcher alle echten Werke der Künste, der Poesie und selbst der Philosophie entspringen, ist es eigentlich, die man mit dem Namen des Genies bezeichnet. Da dieselbe demnach zu ihrem Gegenstande die Platonischen I d e e n hat, diese aber nicht in abstracto, sondern nur a n s c h a u l i c h aufgefaßt werden; so muß das Wesen des Genies in der Vollkommenheit und Energie der a n s c h a u e n d e n Erkenntnis liegen. Dem entsprechend hören wir als Werke des Genies am entschiedensten solche bezeichnen, welche unmittelbar von der Anschauung ausgehen und an die Anschauung sich wenden, also die der bildenden Künste, und nächstdem die der Poesie, welche ihre Anschauungen durch die Phantasie vermittelt. — Auch macht sich schon hier die Verschiedenheit des Genies vom bloßen Talent bemerkbar, als welches ein Vorzug ist, der mehr in der größern Gewandtheit und Schärfe der diskursiven, als der intuitiven Erkenntnis liegt. Der damit Begabte denkt rascher und richtiger als die Übrigen; das Genie hingegen schaut eine andere Welt an, als sie alle, wiewohl nur indem es in die auch ihnen vorliegende tiefer hineinschaut, weil sie in seinem Kopfe sich objektiver, mithin reiner und deutlicher darstellt.

Der Intellekt ist, seiner Bestimmung nach, bloß das Medium der Motive: demzufolge faßt er ursprünglich an den Dingen nichts weiter auf, als ihre Beziehungen zum Willen, die direkten, die indirekten, die möglichen. Bei den Tieren, wo es fast ganz bei den direkten bleibt, ist eben darum die Sache am augenfälligsten: was auf ihren

Willen keinen Bezug hat, ist für sie nicht da. Deshalb sehen wir bisweilen mit Verwunderung, daß selbst kluge Tiere etwas an sich Auffallendes gar nicht bemerken, z. B. über augenfällige Veränderungen an unserer Person oder Umgebung kein Befremden äußern. Beim Normalmenschen kommen nun zwar die indirekten, ja die möglichen Beziehungen zum Willen hinzu, deren Summe den Inbegriff der nützlichen Kenntnisse ausmacht; aber in den B e z i e h u n g e n bleibt auch hier die Erkenntnis stecken. Daher eben kommt es im normalen Kopfe nicht zu einem ganz rein objektiven Bilde der Dinge; weil seine Anschauungskraft, sobald sie nicht vom Willen angespornt und in Bewegung gesetzt wird, sofort ermattet und untätig wird, indem sie nicht Energie genug hat, um aus eigener Elastizität und z w e c k l o s die Welt rein objektiv aufzufassen. Wo hingegen dies geschieht, wo die vorstellende Kraft des Gehirns einen solchen Überschuß hat, daß ein reines, deutliches, objektives Bild der Außenwelt sich z w e c k l o s darstellt, als welches für die Absichten des Willens unnütz, in den höheren Graden sogar störend ist, und selbst ihnen schädlich werden kann; — da ist schon, wenigstens die Anlage zu jener Abnormität vorhanden, die der Name des G e n i e s bezeichnet, welcher andeutet, daß hier ein dem Willen, d. i. dem eigentlichen Ich, Fremdes, gleichsam ein von außen hinzukommender G e n i u s, tätig zu werden scheint. Aber ohne Bild zu reden: das Genie besteht darin, daß die erkennende Fähigkeit bedeutend stärkere Entwickelung erhalten hat, als der D i e n s t d e s W i l l e n s, zu welchem allein sie ursprünglich entstanden ist, erfordert. Daher könnte, der Strenge nach, die Physiologie einen solchen Überschuß der Gehirntätigkeit und mit ihr des Gehirns selbst, gewissermaßen den monstris per excessum beizählen, welche sie bekanntlich den monstris per defectum und denen per situm mutatum nebenordnet. Das Genie besteht also in einem abnormen Übermaß des Intellekts, welches seine Benutzung nur dadurch finden kann, daß es auf das Allgemeine des Daseins verwendet wird; wodurch es alsdann dem Dienste des ganzen Menschengeschlechts obliegt, wie der normale Intellekt dem des Einzelnen. Um die Sache recht faßlich zu machen, könnte man sagen: wenn der Normalmensch aus zwei Drittel Wille und ein Drittel Intellekt besteht, so hat hingegen das Genie zwei Drittel Intellekt und ein Drittel Wille. Dies ließe sich dann noch durch ein chemisches Gleichnis erläutern: die Basis und die Säure eines Mittelsalzes unterscheiden sich dadurch, daß in jeder von Beiden das Radikal zum Oxygen das umgekehrte Verhältnis, von dem im andern, hat. Die Basis nämlich, oder das Alkali, ist dies dadurch, daß in ihr das Radikal überwiegend ist gegen das Oxygen, und die Säure ist dies dadurch, daß in ihr das Oxygen das Überwiegende ist. Eben so nun verhalten sich, in Hinsicht auf Willen und Intellekt, Normalmensch und Genie. Daraus entspringt zwischen ihnen ein durchgreifender Unterschied, der schon in ihrem ganzen Wesen, Tun und Treiben sichtbar ist, recht eigentlich aber in ihren Leistungen an den Tag tritt. Noch könnte man als Unterschied hinzufügen, daß, während jener totale Gegensatz zwischen den chemischen Stoffen die stärkste Wahlverwandschaft und Anziehung zu einander begründet, beim Menschengeschlecht eher das Gegenteil sich einzufinden pflegt.

Die zunächst liegende Äußerung, welche ein solcher Überschuß der Erkenntniskraft hervorruft, zeigt sich meistenteils in der ursprünglichsten und grundwesentlichsten, d. i. der a n s c h a u e n d e n Erkenntnis, und veranlaßt die Wiederholung derselben in einem Bilde: so entsteht der Maler und der Bildhauer. Bei diesen ist demnach der Weg zwischen der genialen Auffassung und der künstlerischen Produktion der kürzeste: daher ist die Form, in welcher hier das Genie und seine Tätigkeit sich darstellt, die einfachste und seine Beschreibung am leichtesten. Dennoch ist eben hier die Quelle nachgewiesen, aus welcher alle echten Produktionen, in jeder Kunst, auch in der Poesie, ja, in der Philosophie, ihren Ursprung nehmen; wiewohl dabei der Hergang nicht so einfach ist.

Man erinnere sich hier des im ersten Buche*) erhaltenen Ergebnisses, daß alle Anschauung intellektual ist und nicht bloß sensual. Wenn man nun die hier gegebene Auseinandersetzung dazu bringt und zugleich auch billig berücksichtigt, daß die Philosophie des vorigen Jahrhunderts das anschauende Erkenntnisvermögen mit dem Namen der „untern Seelenkräfte" bezeichnete; so wird man, daß A d e l u n g, welcher die Sprache seiner Zeit reden mußte, das Genie in „eine merkliche Stärke der untern Seelenkräfte" setzte, doch nicht so grundabsurd, noch des bitteren Hohnes würdig finden, womit J e a n P a u l, in seiner Vorschule der Aesthetik, es anführt. So große Vorzüge das eben erwähnte Werk dieses bewunderungswürdigen Mannes auch hat; so muß ich doch bemerken, daß überall, wo eine theoretische Erörterung und überhaupt Belehrung der Zweck ist, die beständig wit-

---
*) „Die Welt als Wille und Vorstellung".

zelnde und in lauter Gleichnissen einherschreitende Darstellung nicht die angemessene sein kann.

Die Anschauung nun aber ist es, welcher zunächst das eigentliche und wahre Wesen der Dinge, wenn auch noch bedingter Weise, sich aufschließt und offenbart. Alle Begriffe, alles Gedachte, sind ja nur Abstraktionen, mithin Teilvorstellungen aus jener, und bloß durch Wegdenken entstanden. Alle tiefe Erkenntnis, sogar die eigentliche Weisheit, wurzelt in der anschaulichen Auffassung der Dinge; wie wir dies in den Ergänzungen zum ersten Buch ausführlich betrachtet haben. Eine anschauliche Auffassung ist allemal der Zeugungsprozeß gewesen, in welchem jedes echte Kunstwerk, jeder unsterbliche Gedanke, den Lebensfunken erhielt. Alles Urdenken geschieht in Bildern. Aus Begriffen hingegen entspringen die Werke des bloßen Talents, die bloß vernünftigen Gedanken, die Nachahmungen und überhaupt alles auf das gegenwärtige Bedürfnis und die Zeitgenossenschaft allein Berechnete.

Wäre nun aber unsere Anschauung stets an die reale Gegenwart der Dinge gebunden; so würde ihr Stoff gänzlich unter der Herrschaft des Zufalls stehen, welcher die Dinge selten zur rechten Zeit herbeibringt, selten zweckmäßig ordnet und meistens sie in sehr mangelhaften Exemplaren uns vorführt. Deshalb bedarf es der Phantasie, um alle bedeutungsvollen Bilder des Lebens zu vervollständigen, zu ordnen, auszumalen, festzuhalten und beliebig zu wiederholen, je nachdem es die Zwecke einer tief eindringenden Erkenntnis und des bedeutungsvollen Werkes, dadurch sie mitgeteilt werden soll, erfordern. Hierauf beruht der hohe Wert der Phantasie, als welche ein dem Genie unentbehrliches Werkzeug ist. Denn nur vermöge derselben kann dieses, je nach den Erfordernissen des Zusammenhanges seines Bildens, Dichtens, oder Denkens, jeden Gegenstand oder Vorgang sich in einem lebhaften Bilde vergegenwärtigen und so stets frische Nahrung aus der Urquelle aller Erkenntnis, dem Anschaulichen, schöpfen. Der Phantasiebegabte vermag gleichsam Geister zu zitieren, die ihm, zur rechten Zeit, die Wahrheiten offenbaren, welche die nackte Wirklichkeit der Dinge nur schwach, nur selten und dann meistens zur Unzeit darlegt. Zu ihm verhält sich daher der Phantasielose, wie zum freibeweglichen, ja geflügelten Tiere die an ihren Felsen gekittete Muschel, welche abwarten muß, was der Zufall ihr zuführt. Denn ein solcher kennt keine andere, als die wirkliche Sinnesanschauung: bis sie kommt, nagt er an Begriffen und Abstraktionen, welche doch nur Schalen und Hülsen, nicht der Kern der Erkenntnis sind. Er wird nie etwas Großes leisten; es wäre denn im Rechnen und der Mathematik. — Die Werke der bildenden Künste und der Poesie, ingleichen die Leistungen der Mimik, können auch angesehen werden als Mittel, denen, die keine Phantasie haben, diesen Mangel möglichst zu ersetzen, denen aber, die damit begabt sind, den Gebrauch derselben zu erleichtern.

Obgleich demnach die eigentümliche und wesentliche Erkenntnisweise des Genies die a n s c h a u e n d e ist; so machen den eigentlichen Gegenstand derselben doch keineswegs die einzelnen Dinge aus, sondern die in diesen sich aussprechenden Platonischen Ideen, wie deren Auffassung oben analysiert worden. Im Einzelnen stets das

Allgemeine zu sehen, ist gerade der Grundzug des Genies; während der Normalmensch im Einzelnen auch nur das Einzelne als solches erkennt, da es nur als solches der Wirklichkeit angehört, welche allein für ihn Interesse, d. h. Beziehungen zu seinem W i l l e n hat. Der Grad, in welchem jeder im einzelnen Dinge nur dieses, oder aber schon ein mehr oder minder Allgemeines, bis zum Allgemeinsten der Gattung hinauf, nicht etwa denkt, sondern geradezu erblickt, ist der Maßstab seiner Annäherung zum Genie. Diesem entsprechend ist auch nur das Wesen der Dinge überhaupt, das Allgemeine in ihnen, das Ganze, der eigentliche Gegenstand des Genies: die Untersuchung der einzelnen Phänomene ist das Feld der Talente, in den Realwissenschaften, deren Gegenstand eigentlich immer nur die Beziehungen der Dinge zu einander sind.

Was im vorhergegangenen Kapitel ausführlich gezeigt worden, daß nämlich die Auffassung der I d e e n dadurch bedingt ist, daß das Erkennende das r e i n e S u b j e k t der Erkenntnis sei, d. h. daß der Wille gänzlich aus dem Bewußtsein verschwinde, bleibt uns hier gegenwärtig. — Die Freude, welche wir an manchen, die Landschaft uns vor Augen bringenden Liedern G o e t h e s, oder an den Naturschilderungen J e a n P a u l s haben, beruht darauf, daß wir dadurch der Objektivität jener Geister, d. h. der Reinheit teilhaft werden, mit welcher in ihnen die Welt als Vorstellung sich von der Welt als Wille gesondert und gleichsam ganz davon abgelöst hatte. — Daraus, daß die Erkenntnisweise des Genies wesentlich die von allem Wollen und seinen Beziehungen gereinigte ist, folgt auch, daß die Werke desselben nicht aus Absicht oder Willkür hervorgehen, sondern es dabei geleitet ist von einer instinktartigen Notwendigkeit. — Was man das Regewerden des Genius, die Stunde der Weihe, den Augenblick der Begeisterung nennt, ist nichts anderes, als das Freiwerden des Intellekts, wann dieser, seines Dienstes unter dem Willen einstweilen enthoben, jetzt nicht in Untätigkeit oder Abspannung versinkt, sondern, auf eine kurze Weile, ganz allein, aus freien Stücken, tätig ist. Dann ist er von der größten Reinheit und wird zum klaren Spiegel der Welt: denn, von seinem Ursprung, dem Willen, völlig abgetrennt, ist er jetzt die in einem Bewußtsein konzentrierte Welt als Vorstellung selbst. In solchen Augenblicken wird gleichsam die Seele unsterblicher Werke erzeugt. Hingegen ist bei allem absichtlichen Nachdenken der Intellekt nicht frei, da ja der Wille ihn leitet und sein Thema ihm vorschreibt.

Der Stempel der Gewöhnlichkeit, der Ausdruck von Vulgarität, welcher den allermeisten Gesichtern aufgedrückt ist, besteht eigentlich darin, daß die strenge Unterordnung ihres Erkennens unter ihr Wollen, die feste Kette, welche beide zusammenschließt, und die daraus folgende Unmöglichkeit, die Dinge anders als in Beziehung auf den Willen und seine Zwecke aufzufassen, darin sichtbar ist. Hingegen liegt der Ausdruck des Genies, welcher die augenfällige Familienähnlichkeit aller Hochbegabten ausmacht, darin, daß man das Losgesprochensein, die Manumission des Intellekts vom Dienste des Willens, das Vorherrschen des Erkennens über das Wollen, deutlich darauf liest: und weil alle Pein aus dem Wollen hervorgeht, das Erkennen hingegen an und für sich schmerzlos und heiter ist; so gibt dies ihren hohen

Stirnen und ihrem klaren, schauenden Blick, als welche dem Dienste des Willens und seiner Not nicht untertan sind, jenen Anstrich großer, gleichsam überirdischer Heiterkeit, welcher zu Zeiten durchbricht und sehr wohl mit der Melancholie der übrigen Gesichtszüge, besonders des Mundes, zusammenbesteht, in dieser Beziehung aber treffend bezeichnet werden kann durch das Motto des Jordanus Brunus: In tristitia hilaris, in hilaritate tristis.

Der Wille, welcher die Wurzel des Intellekts ist, widersetzt sich jeder auf irgend etwas anderes als seine Zwecke gerichteten Tätigkeit desselben. Daher ist der Intellekt einer rein objektiven und tiefen Auffassung der Außenwelt nur dann fähig, wann er sich von dieser seiner Wurzel wenigstens einstweilen abgelöst hat. So lange er derselben noch verbunden bleibt, ist er aus eigenen Mitteln gar keiner Tätigkeit fähig, sondern schläft in Dumpfheit, so oft der Wille (das Interesse) ihn nicht weckt und in Bewegung setzt. Geschieht dies jedoch, so ist er zwar sehr tauglich, dem Interesse des Willens gemäß, die Relationen der Dinge zu erkennen, wie dies der kluge Kopf tut, der immer auch ein aufgeweckter, d. h. vom Wollen lebhaft erregter Kopf sein muß; aber er ist eben deshalb nicht fähig, das rein objektive Wesen der Dinge zu erfassen. Denn das Wollen und die Zwecke machen ihn so einseitig, daß er an den Dingen nur das sieht, was sich darauf bezieht, das Übrige aber teils verschwindet, teils verfälscht ins Bewußtsein tritt. So wird z. B. ein in Angst und Eile Reisender den Rhein mit seinen Ufern nur als einen Querstrich, die Brücke darüber nur als einen diesen schneidenden Strich sehen. Im

Kopfe des von seinen Zwecken erfüllten Menschen sieht die Welt aus, wie eine schöne Gegend auf einem Schlachtfeldplan aussieht. Freilich sind dies Extreme, der Deutlichkeit wegen genommen: allein auch jede nur geringe Erregung des Willens wird eine geringe, jedoch stets jenen analoge Verfälschung der Erkenntnis zur Folge haben. In ihrer wahren Farbe und Gestalt, in ihrer ganzen und richtigen Bedeutung kann die Welt erst dann hervortreten, wann der Intellekt, des Wollens ledig, frei über den Objekten schwebt und ohne vom Willen angetrieben zu sein, dennoch energisch tätig ist. Allerdings ist dies der Natur und Bestimmung des Intellekts entgegen, also gewissermaßen widernatürlich, daher eben überaus selten: aber gerade hierin liegt das Wesen des G e n i e s, als bei welchem allein jener Zustand in hohem Grade und anhaltend stattfindet, während er bei den übrigen nur annäherungs- und ausnahmsweise eintritt. — In dem hier dargelegten Sinne nehme ich es, wenn J e a n P a u l („Vorschule der Aesthetik", § 12) das Wesen des Genies in die B e s o n n e n h e i t setzt. Nämlich der Normalmensch ist in den Strudel und Tumult des Lebens, dem er durch seinen Willen angehört, eingesenkt: sein Intellekt ist erfüllt von den Dingen und den Vorgängen des Lebens: aber diese Dinge und das Leben selbst, in objektiver Bedeutung, wird er gar nicht gewahr; wie der Kaufmann auf der Amsterdamer Börse vollkommen vernimmt, was sein Nachbar sagt, aber das dem Rauschen des Meeres ähnliche Gesumme der ganzen Börse, darüber der entfernte Beobachter erstaunt, gar nicht hört. Dem Genie hingegen, dessen Intellekt vom Willen, also von der Person, abgelöst ist, bedeckt das diese Betreffende nicht die Welt und die Dinge selbst; sondern es wird ihrer deutlich inne, es nimmt sie, an und für sich selbst, in objektiver Anschauung, wahr: in diesem Sinne ist es b e s o n n e n.

Diese B e s o n n e n h e i t ist es, welche den Maler befähigt, die Natur, die er vor Augen hat, treu auf der Leinwand wiederzugeben, und den Dichter, die anschauliche Gegenwart, mittelst abstrakter Begriffe, genau wieder hervorzurufen, indem er sie ausspricht und so zum deutlichen Bewußtsein bringt; imgleichen alles, was die Übrigen bloß fühlen, in Worten auszudrücken. — Das Tier lebt ohne alle Besonnenheit. Bewußtsein hat es, d. h. es erkennt sich und sein Wohl und Wehe, dazu auch die Gegenstände, welche solche veranlassen. Aber seine Erkenntnis bleibt stets subjektiv, wird nie objektiv: alles darin Vorkommende scheint sich ihm von selbst zu verstehen und kann ihm daher nie weder zum Vorwurf (Objekt der Darstellung), noch zum Problem (Objekt der Meditation) werden. Sein Bewußtsein ist also ganz i m m a n e n t. Zwar nicht von gleicher, aber doch von verwandter Beschaffenheit ist das Bewußtsein des gemeinen Menschenschlages, indem auch seine Wahrnehmung der Dinge und der Welt überwiegend subjektiv und vorherrschend immanent bleibt. Es nimmt die Dinge in der Welt wahr, aber nicht die Welt; sein eigenes Tun und Leiden, aber nicht sich. Wie nun, in unendlichen Abstufungen, die Deutlichkeit des Bewußtseins sich steigert, tritt mehr und mehr die Besonnenheit ein, und dadurch kommt es allmählich dahin, daß bisweilen, wenn auch selten und dann wieder in höchst verschiedenen Graden der Deutlichkeit, es wie ein Blitz durch den Kopf fährt, mit „was ist das alles?" oder auch mit „w i e ist es eigentlich beschaffen?" Die erstere Frage wird, wenn sie große Deutlichkeit und anhaltende Gegenwart erlangt, den Philosophen, und die andere, ebenso, den Künstler oder Dichter machen. Dieserhalb also hat der hohe Beruf dieser beiden seine Wurzel in der Besonnenheit, die zunächst aus der Deutlichkeit entspringt, mit welcher sie der Welt und ihrer selbst inne werden und dadurch zur Besinnung darüber kommen. Der ganze Hergang aber entspringt daraus, daß der Intellekt, durch sein Übergewicht, sich vom Willen, dem er ursprünglich dienstbar ist, zu Zeiten losmacht.

D i e s e s A u s e i n a n d e r t r e t e n d e s W i l l e n s u n d d e s I n t e l l e k t s erreicht im Genie seinen höchsten Grad, als wo es bis zur völligen Ablösung des Intellekts von seiner Wurzel, dem Willen, geht, so daß der Intellekt hier völlig frei wird, wodurch allererst die W e l t a l s V o r s t e l l u n g zur vollkommenen Objektivation gelangt. —

Jetzt noch einige die Individualität des Genies betreffende Bemerkungen. — Schon A r i s t o t e l e s hat, nach Cicero (Tusc., I, 33) bemerkt, omnes ingeniosos melancholicos esse, welches sich, ohne Zweifel, auf die Stelle in des Aristoteles Problemata, 30, 1, bezieht. Auch G o e t h e sagt:

> Meine Dichterglut war sehr gering,
> So lang ich dem Guten entgegenging;
> Dagegen brannte sie lichterloh,
> Wann ich vor drohendem Übel floh. —
> Zart Gedicht, wie Regenbogen,
> Wird nur auf dunkeln Grund gezogen;
> Darum behagt dem Dichtergenie
> Das Element der Melancholie.

Dies ist daraus zu erklären, daß, da der Wille seine ursprüngliche Herrschaft über den Intellekt stets wieder geltend macht, dieser, unter ungünstigen persönlichen Verhältnissen, sich leichter derselben entzieht; weil er von widerwärtigen Umständen sich gern abwendet, gewissermaßen um sich zu zerstreuen, und nun mit desto größerer Energie sich auf die fremde Außenwelt richtet, also leichter rein objektiv wird. Günstige persönliche Verhältnisse wirken umgekehrt. Im Ganzen und Allgemeinen jedoch beruht die dem Genie beigegebene Melancholie darauf, daß der Wille zum Leben, von je hellerem Intellekt er sich beleuchtet findet, desto deutlicher das Elend seines Zustandes wahrnimmt. — Die so häufig bemerkte trübe Stimmung hochbegabter Geister hat ihr Sinnbild am Montblanc, dessen Gipfel meistens bewölkt ist: aber wann bisweilen, zumal früh Morgens, der Wolkenschleier reißt und nun der Berg vom Sonnenlichte rot, aus seiner Himmelshöhe über den Wolken, auf Chamouni herabsieht; dann ist es ein Anblick, bei welchem jedem das Herz im tiefsten Grunde aufgeht. So zeigt auch das meistens melancholische Genie zwischendurch die schon oben geschilderte, nur ihm mögliche, aus der vollkommensten Objektivität des Geistes entspringende, eigentümliche Heiterkeit, die wie ein Lichtglanz auf seiner hohen Stirne schwebt: in tristitia hilaris, in hilaritate tristis. —

Alle Pfuscher sind es, im letzten Grunde, dadurch, daß ihr Intellekt, dem Willen noch zu fest verbunden, nur unter dessen Anspornung in Tätigkeit gerät, und daher eben ganz in dessen Dienste bleibt. Sie sind demzufolge keiner andern, als persönlicher Zwecke fähig. Diesen gemäß schaffen sie schlechte Gemälde, geistlose Gedichte, seichte, absurde, sehr oft auch unredliche Philosopheme, wann es nämlich gilt, durch fromme Unredlichkeit, sich hohen Vorgesetzten zu empfehlen. All ihr Tun und Denken ist also persönlich. Daher gelingt es ihnen höchstens, sich das Äußere, Zufällige und Beliebige fremder, echter Werke als Manier anzueignen, wo sie dann, statt des Kerns, die Schale fassen, jedoch vermeinen, alles erreicht, ja, jene übertroffen zu haben. Wird dennoch das Mißlingen offenbar; so hofft mancher, es durch seinen guten Willen am Ende doch zu erreichen. Aber gerade dieser gute Wille macht es unmöglich, weil derselbe doch nur auf persönliche Zwecke hinausläuft: bei solchen aber kann es weder mit Kunst, noch Poesie, noch Philosophie je Ernst werden. Auf jene paßt daher ganz eigentlich die Redensart: sie stehen sich selbst im Lichte. Ihnen ahndet es nicht, daß allein der von der Herrschaft des Willens und allen seinen Projekten losgerissene und dadurch frei tätige Intellekt, weil nur er den wahren Ernst verleiht, zu echten Produktionen befähigt: und das ist gut für sie; sonst sprängen sie ins Wasser. — Der gute Wille ist in der Moral alles; aber in der Kunst ist er nichts: da gilt, wie schon das Wort andeutet, allein das Können. — Alles kommt zuletzt darauf an, wo der eigentliche Ernst des Menschen liegt. Bei fast allen liegt er ausschließlich im eigenen Wohl und dem der Ihrigen; daher sie dies und nichts anderes zu fördern im Stande sind, weil eben kein Vorsatz, keine willkürliche und absichtliche Anstrengung, den wahren, tiefen, eigentlichen Ernst verleiht, oder ersetzt, oder richtiger verlegt. Denn er bleibt stets da, wo die Natur ihn hingelegt hat: ohne ihn aber kann alles nur halb betrieben werden. Daher sorgen, aus dem selben Grunde, geniale Individuen oft schlecht für ihre eigene Wohlfahrt. Wie ein bleiernes Anhängsel einen Körper immer wieder in die Lage zurückbringt, die sein durch dasselbe determinierter Schwerpunkt erfordert, so zieht der wahre Ernst des Menschen die Kraft und Aufmerksamkeit seines Intellekts immer dahin zurück, w o e r l i e g t : alles andere treibt der Mensch o h n e w a h r e n E r n s t. Daher sind allein die höchst seltenen, abnormen Menschen, deren wahrer Ernst nicht im Persönlichen und Praktischen, sondern im Objektiven und Theoretischen liegt, imstande, das Wesentliche der Dinge und der Welt, also die höchsten Wahrheiten, aufzufassen und in irgend einer Art und Weise wiederzugeben. Denn ein solcher außerhalb des Individui, in das O b j e k t i v e fallender Ernst desselben ist etwas der menschlichen Natur Fremdes, etwas Unnatürliches, eigentlich Übernatürliches: jedoch allein durch ihn ist ein Mensch g r o ß, und demgemäß wird alsdann sein Schaffen einem von ihm verschiedenen G e n i u s zugeschrieben, der ihn in Besitz nehme. Einem solchen Menschen ist sein Bilden, Dichten oder Denken Z w e c k, den übrigen ist es M i t t e l. Diese suchen dabei i h r e S a c h e, und wissen, in der Regel, sie wohl zu fördern, da sie sich den Zeitgenossen anschmiegen, bereit, den Bedürfnissen und Launen derselben zu dienen: daher leben sie meistens in glücklichen Umständen; jener oft in sehr elenden. Denn sein persönliches Wohl opfert er dem o b j e k t i v e n Zweck: er kann eben nicht anders; weil dort sein Ernst liegt. Sie halten es umgekehrt: darum sind sie k l e i n ;

er aber ist groß. Demgemäß ist sein Werk für alle Zeiten, aber die Anerkennung desselben fängt meistens erst bei der Nachwelt an: s i e leben und sterben mit ihrer Zeit. G r o ß überhaupt ist nur der, welcher bei seinem Wirken, dieses sei nun ein praktisches, oder ein theoretisches, n i c h t s e i n e S a c h e s u c h t, sondern allein einen o b j e k t i v e n Zweck verfolgt: er ist es aber selbst dann noch, wann, im Praktischen, dieser Zweck ein mißverstandener, und sogar wenn er, in Folge davon, ein Verbrechen sein sollte. Daß e r n i c h t s i c h u n d s e i n e S a c h e s u c h t, dies macht ihn, unter allen Umständen, g r o ß. K l e i n hingegen ist alles auf persönliche Zwecke gerichtete Treiben; weil der dadurch in Tätigkeit Versetzte sich nur in seiner eigenen, verschwindend kleinen Person erkennt und findet. Hingegen wer g r o ß ist, erkennt sich in allem und daher im ganzen: er lebt nicht, wie jener, allein im Mikrokosmos, sondern noch mehr im Makrokosmos. Darum eben ist das Ganze ihm angelegen, und er sucht es zu erfassen, um es darzustellen, oder um es zu erklären, oder um praktisch darauf zu wirken. Denn ihm ist es nicht fremd; er fühlt daß es ihn angeht. Wegen dieser Ausdehnung seiner Sphäre nennt man ihn g r o ß. Demnach gebührt nur dem wahren Helden, in irgend einem Sinn, und dem Genie jenes erhabene Prädikat: es besagt, daß sie, der menschlichen Natur entgegen, nicht ihre eigene Sache gesucht, nicht für sich, sondern für alle gelebt haben. — Wie nun offenbar die allermeisten s t e t s klein sein müssen und n i e m a l s groß sein können, so ist doch das Umgekehrte nicht möglich, daß nämlich einer durchaus, d. h. stets und jeden Augenblick, groß sei:

Denn aus Gemeinem ist der Mensch gemacht,
Und die Gewohnheit nennt er seine Amme.

Jeder große Mann nämlich muß dennoch oft nur das Individuum sein, nur s i c h im Auge haben, und das heißt k l e i n sein. Hierauf beruht die sehr richtige Bemerkung, daß kein Held es vor seinem Kammerdiener bleibt; nicht aber darauf, daß der Kammerdiener den Helden nicht zu schätzen verstehe; — welches Goethe, in den „Wahlverwandtschaften" (Bd. 2, Kap. 5), als Einfall der Ottilie auftischt. —

Das Genie ist sein eigener Lohn: denn das Beste was einer ist, muß er notwendig für sich selbst sein. „Wer m i t einem Talente, z u einem Talente geboren ist, findet in demselben sein schönstes Dasein", sagt G o e t h e. Wenn wir zu einem großen Mann der Vorzeit hinaufblicken, denken wir nicht: „Wie glücklich ist er, von uns allen noch jetzt bewundert zu werden", sondern: „Wie glücklich muß er gewesen sein im unmittelbaren Genuß eines Geistes, an dessen zurückgelassenen Spuren Jahrhunderte sich erquicken." Nicht im Ruhme, sondern in dem, wodurch man ihn erlangt, liegt der Wert, und in der Zeugung unsterblicher Kinder der Genuß. Daher sind die, welche die Nichtigkeit des Nachruhmes daraus zu beweisen suchen, daß wer ihn erlangt, nichts davon erfährt, dem Klügling zu vergleichen, der einem Manne, welcher auf einem Haufen Austerschalen im Hofe seines Nachbarn neidische Blicke würfe, sehr weise die gänzliche Unbrauchbarkeit derselben demonstrieren wollte.

Der gegebenen Darstellung des Wesens des Genies zufolge ist dasselbe insofern naturwidrig, als es darin besteht, daß der Intellekt, dessen eigentliche Bestimmung der Dienst des Willens ist, sich von diesem Dienste emanzipiert, um auf eigene Hand tätig zu sein. Demnach ist das Genie ein seiner Bestimmung untreu gewordener Intellekt. Hierauf beruhen die demselben beigegebenen N a c h t e i l e, zu deren Betrachtung wir jetzt den Weg uns dadurch bahnen, daß wir das Genie mit dem weniger entschiedenen Überwiegen des Intellekts vergleichen.

Der Intellekt des Normalmenschen, streng an den Dienst seines Willens gebunden, mithin eigentlich bloß mit der Aufnahme der Motive beschäftigt, läßt sich ansehen als der Komplex von Drahtfäden, womit jede dieser Puppen auf dem Welttheater in Bewegung gesetzt wird. Hieraus entspringt der trockene, gesetzte Ernst der meisten Leute, der nur noch von dem der Tiere übertroffen wird, als welche niemals lachen. Dagegen könnte man das Genie, mit seinem entfesselten Intellekt, einem unter den großen Drahtpuppen des berühmten Mailändischen Puppentheaters mitspielenden, lebendigen Menschen vergleichen, der unter ihnen der einzige wäre, welcher alles wahrnehme und daher gern sich von der Bühne auf eine Weile losmachte, um aus den Logen das Schauspiel zu genießen: — das ist die geniale Besonnenheit. — Aber selbst der überaus verständige und vernünftige Mann, den man beinahe weise nennen könnte, ist vom Genie gar sehr und zwar dadurch verschieden, daß sein Intellekt eine p r a k t i s c h e Richtung behält, auf die Wahl der allerbesten Zwecke und Mittel bedacht ist, daher im Dienste des Willens bleibt und demnach recht eigentlich naturgemäß beschäftigt ist. Der feste, praktische Lebensernst, welchen die Römer als gravitas bezeichneten, setzt voraus, daß der Intellekt n i c h t den

Dienst des Willens verlasse, um hinauszuschweifen zu dem, was diesen nicht angeht: darum läßt er nicht jenes Auseinandertreten des Intellekts und des Willens zu, welches Bedingung des G e n i e s ist. Der kluge, ja der eminente Kopf, der zu großen Leistungen im Praktischen Geeignete, ist es gerade dadurch, daß die Objekte seinen Willen lebhaft erregen und zum rastlosen Nachforschen ihrer Verhältnisse und Beziehungen anspornen. Auch sein Intellekt ist also mit dem Willen fest verwachsen. Vor dem genialen Kopf hingegen schwebt, in seiner objektiven Auffassung, die Erscheinung der Welt als ein ihm Fremdes, ein Gegenstand der Kontemplation, der sein Wollen aus dem Bewußtsein verdrängt. Um diesen Punkt dreht sich der Unterschied zwischen der Befähigung zu T a t e n und der zu W e r k e n. Die letztere verlangte Objektivität und Tiefe der Erkenntnis, welche gänzliche Sonderung des Intellekts vom Willen zur Voraussetzung hat: die erstere hingegen verlangt Anwendung der Erkenntnis, Geistesgegenwart und Entschlossenheit, welche erfordert, daß der Intellekt unausgesetzt den Dienst des Willens besorge. Wo das Band zwischen Intellekt und Wille gelöst ist, wird der von seiner natürlichen Bestimmung abgewichene Intellekt den Dienst des Willens vernachlässigen; er wird z. B. selbst in der Not des Augenblicks noch seine Emanzipation geltend machen und etwan die Umgebung, von welcher dem Individuo gegenwärtige Gefahr droht, ihrem malerischen Eindruck nach aufzufassen nicht umhin können. Der Intellekt des vernünftigen und verständigen Mannes hingegen ist stets auf seinem Posten, ist auf die Umstände und deren Erfordernisse gerichtet: ein solcher wird daher in allen Fällen das der Sache Angemessene beschließen und ausführen, folglich keineswegs in jene Exzentrizitäten, persönliche Fehltritte, ja, Torheiten verfallen, denen das Genie darum ausgesetzt ist, daß sein Intellekt nicht ausschließlich der Führer und Wächter seines Willens bleibt, sondern, bald mehr bald weniger, vom rein Objektiven in Anspruch genommen wird. Den Gegensatz, in welchem die beiden hier abstrakt dargestellten, gänzlich verschiedenen Arten der Befähigung zu einander stehen, hat G o e t h e uns im Widerspiel des Tasso und Antonio veranschaulicht. Die oft bemerkte Verwandtschaft des Genies mit dem Wahnsinn beruht eben hauptsächlich auf jener, dem Genie wesentlichen, dennoch aber naturwidrigen Sonderung des Intellekts vom Willen. Diese aber selbst ist keineswegs Dem zuzuschreiben, daß das Genie von geringerer Intensität des Willens begleitet sei; da es vielmehr durch einen heftigen und leidenschaftlichen Charakter bedingt ist, sondern sie ist daraus zu erklären, daß der praktisch Ausgezeichnete, der Mann der Taten, bloß das ganze und volle Maß des für einen energischen Willen erforderten Intellekts hat, während den meisten Menschen sogar dies abgeht; das Genie aber in einem völlig abnormen, wirklichen Übermaß von Intellekt besteht, dergleichen zum Dienste keines Willens erfordert ist. Dieserhalb eben sind die Männer der echten Werke tausend Mal seltener, als die Männer der Taten. Jenes abnorme Übermaß des Intellekts eben ist es, vermöge dessen dieser das entschiedene Übergewicht erhält, sich vom Willen losmacht und nun, seines Ursprungs vergessend, aus eigener Kraft und Elastizität frei tätig ist; woraus die Schöpfungen des Genies hervorgehen.

Eben dieses nun ferner, daß das Genie im Wirken des freien, d. h. vom Dienste des Willens emanzipierten Intellekts besteht, hat zur Folge, daß die Produktionen desselben keinen nützlichen Zwecken dienen. Es werde musiziert, oder philosophiert, gemalt, oder gedichtet; — ein Werk des Genies ist kein Ding zum Nutzen. Unnütz zu sein, gehört zum Charakter der Werke des Genies: es ist ihr Adelsbrief. Alle übrigen Menschenwerke sind da zur Erhaltung oder Erleichterung unserer Existenz; bloß die hier in Rede stehenden nicht: sie allein sind ihrer selbst wegen da, und sind, in diesem Sinn, als die Blüte, oder der reine Ertrag des Daseins anzusehen. Deshalb geht beim Genuß derselben uns das Herz auf: denn wir tauchen dabei aus dem schweren Erdenäther der Bedürftigkeit auf. — Diesem analog sehen wir, auch außerdem, das Schöne selten mit dem Nützlichen vereint. Die hohen und schönen Bäume tragen kein Obst: die Obstbäume sind kleine, häßliche Krüppel. Die gefüllte Gartenrose ist nicht fruchtbar, sondern die kleine, wilde, fast geruchlose ist es. Die schönsten Gebäude sind nicht die nützlichen: ein Tempel ist kein Wohnhaus. Ein Mensch von hohen, seltenen Geistesgaben, genötigt einem bloß nützlichen Geschäft, dem der Gewöhnlichste gewachsen wäre, obzuliegen, gleicht einer köstlichen, mit schönster Malerei geschmückten Vase, die als Kochtopf verbraucht wird; und die nützlichen Leute mit den Leuten von Genie vergleichen, ist wie Bausteine mit Diamanten vergleichen.

Der bloß praktische Mensch also gebraucht seinen

Intellekt zu dem, wozu ihn die Natur bestimmte, nämlich zum Auffassen der Beziehungen der Dinge, teils zu einander, teils zum Willen des erkennenden Individuums. Das Genie hingegen gebraucht ihn, der Bestimmung desselben entgegen, zum Auffassen des objektiven Wesens der Dinge. Sein Kopf gehört daher nicht ihm, sondern der Welt an, zu deren Erleuchtung in irgend einem Sinne er beitragen wird. Hieraus müssen dem damit begünstigten Individuo vielfältige N a c h t e i l e erwachsen. Denn sein Intellekt wird überhaupt die Fehler zeigen, die bei jedem Werkzeug, welches zu dem, wozu es nicht gemacht ist, gebraucht wird, nicht auszubleiben pflegen. Zunächst wird er gleichsam der Diener zweier Herren sein, indem er, bei jeder Gelegenheit, sich von dem seiner Bestimmung entsprechenden Dienste losmacht, um seinen eigenen Zwecken nachzugehen, wodurch er den Willen oft sehr zur Unzeit im Stich läßt und hienach das so begabte Individuum für das Leben mehr oder weniger unbrauchbar wird, ja, in seinem Betragen bisweilen an den Wahnsinn erinnert. Sodann wird es, vermöge seiner gesteigerten Erkenntniskraft, in den Dingen mehr das Allgemeine, als das Einzelne sehen; während der Dienst des Willens hauptsächlich die Erkenntnis des Einzelnen erfordert. Aber wann nun wieder gelegentlich jene ganze, abnorm erhöhte Erkenntniskraft sich plötzlich, mit aller ihrer Energie, auf die Angelegenheiten und Miseren des Willens richtet; so wird sie diese leicht zu lebhaft auffassen, alles in zu grellen Farben, zu hellem Lichte, und ins Ungeheure vergrößert erblicken, wodurch das Individuum auf lauter Extreme verfällt. Dies noch näher zu erklären, diene Folgendes. Alle große theoretische Leistungen, worin es auch sei, werden dadurch zustande gebracht, daß ihr Urheber alle Kräfte seines Geistes auf einen Punkt richtet, in welchen er sie zusammenschießen läßt und konzentriert, so stark, fest und ausschließlich, daß die ganze übrige Welt ihm jetzt verschwindet und sein Gegenstand ihm alle Realität ausfüllt. Eben diese große und gewaltsame Konzentration, die zu den Privilegien des Genies gehört, tritt nun für dasselbe bisweilen auch bei den Gegenständen der Wirklichkeit und den Angelegenheiten des täglichen Lebens ein, welche alsdann, unter einen solchen Fokus gebracht, eine so monstrose Vergrößerung erhalten, daß sie sich darstellen wie der im Sonnenmikroskop die Statur des Elefanten annehmende Floh. Hieraus entsteht es, daß hochbegabte Individuen bisweilen über Kleinigkeiten in heftige Affekte der verschiedensten Art geraten, die den andern unbegreiflich sind, als welche sie in Trauer, Freude, Sorge, Furcht, Zorn usw. versetzt sehen, durch Dinge, bei welchen ein Alltagsmensch ganz gelassen bliebe. Darum also fehlt dem Genie die N ü ch t e r n h e i t, als welche gerade darin besteht, daß man in den Dingen nichts weiter sieht, als was ihnen, besonders in Hinsicht auf unsere möglichen Zwecke, wirklich zukommt: daher kann kein nüchterner Mensch ein Genie sein. Zu den angegebenen Nachteilen gesellt sich nun noch die übergroße Sensibilität, welche ein abnorm erhöhtes Nerven- und Cerebral-Leben mit sich bringt, und zwar im Verein mit der das Genie ebenfalls bedingenden Heftigkeit und Leidenschaftlichkeit des Wollens, die sich physisch als Energie des Herzschlages darstellt. Aus allem diesen entspringt sehr leicht jene Überspanntheit der Stimmung, jene Heftigkeit der Affekte, jener schnelle Wechsel der Laune, unter vorherrschender Melancholie, die Goethe uns im Tasso vor Augen gebracht hat. Welche Vernünftigkeit, ruhige Fassung, abgeschlossene Übersicht, völlige Sicherheit und Gleichmäßigkeit des Betragens zeigt doch der wohlausgestattete Normalmensch, im Vergleich mit der bald träumerischen Versunkenheit, bald leidenschaftlichen Aufregung des Genialen, dessen innere Qual der Mutterschoß unsterblicher Werke ist. — Zu diesem allen kommt noch, daß das Genie wesentlich einsam lebt. Es ist zu selten, als daß es leicht auf seines Gleichen treffen könnte, und zu verschieden von den Übrigen, um ihr Geselle zu sein. Bei ihnen ist das Wollen, bei ihm das Erkennen das Vorwaltende: daher sind ihre Freuden nicht seine, seine nicht ihre. Sie sind bloß moralische Wesen und haben bloß persönliche Verhältnisse: er ist zugleich ein reiner Intellekt, der als solcher der ganzen Menschheit angehört. Der Gedankengang des von seinem mütterlichen Boden, dem Willen, abgelösten und nur periodisch zu ihm zurückkehrenden Intellekts wird sich von dem des normalen, auf seinem Stamme haftenden, bald durchweg unterscheiden. Daher, und wegen der Ungleichheit des Schritts, ist jener nicht zum gemeinschaftlichen Denken, d. h. zur Konversation mit den andern geeignet: sie werden an ihm und seiner drückenden Überlegenheit so wenig Freude haben, wie er an ihnen. Sie werden daher sich behaglicher mit ihresgleichen fühlen, und er wird die Unterhaltung mit seinesgleichen, obschon sie in der Regel nur durch ihre nachgelassenen Werke möglich ist, vorziehen. Sehr richtig sagt daher Chamfort: Il y a peu de vices qui empêchent un homme d'avoir beaucoup d'amis, autant que peuvent le faire de trop grandes qualités. Das glücklichste Los, was dem Genie werden kann, ist Entbindung vom Tun und Lassen, als welches nicht sein Element ist, und freie Muße zu seinem Schaffen. — Aus diesem allen ergibt sich, daß wenngleich das Genie den damit Begabten in den Stunden, wo er, ihm hingegeben, ungehindert im Genuß desselben schwelgt, hoch beglücken mag; dasselbe dennoch keineswegs geeignet ist, ihm einen glücklichen Lebenslauf zu bereiten, vielmehr das Gegenteil. Dies bestätigt auch die in den Biographien niedergelegte Erfahrung. Dazu kommt noch ein Mißverhältnis nach außen, indem das Genie, in seinem Treiben und Leisten selbst, meistens mit seiner Zeit im Widerspruch und Kampfe steht. Die bloßen Talentmänner kommen stets zu rechter Zeit: denn, wie sie vom Geiste ihrer Zeit angeregt und vom Bedürfnis derselben hervorgerufen werden; so sind sie auch gerade nur fähig diesem zu genügen. Sie greifen daher ein in den fortschreitenden Bildungsgang ihrer Zeitgenossen, oder in die schrittweise Förderung einer speziellen Wissenschaft: dafür wird ihnen Lohn und Beifall. Der nächsten Generation jedoch sind ihre Werke nicht mehr genießbar: sie müssen durch andere ersetzt werden, die dann auch nicht ausbleiben. Das Genie hingegen trifft in seine Zeit, wie ein Komet in die Planetenbahnen, deren wohlgeregelter und übersehbarer Ordnung sein völlig exzentrischer Lauf fremd ist. Demnach kann es nicht eingreifen in den vorgefundenen, regelmäßigen Bildungsgang der Zeit, sondern wirft seine Werke weit hinaus in die vorliegende Bahn (wie der sich dem Tode weihende Imperator seinen Speer unter die Feinde), auf welcher die Zeit solche erst einzuholen hat. Sein Verhältnis zu den während dessen kulminierenden Talentmännern könnte es in den Worten des Evangelisten ausdrücken: ʽΟ καιρος ὁ εμος ουπω παρεστιν· ὁ δε καιρος ὁ ὑμετερος παντοτε εστιν ἕτοιμος (Joh. 7, 6). Das Talent vermag zu leisten was die Leistungsfähigkeit, jedoch nicht die Apprehensionsfähigkeit der Übrigen überschreitet: daher findet es sogleich seine Schätzer. Hingegen geht die Leistung des Genies nicht nur über die Leistungs-, sondern auch über die Apprehensionsfähigkeit der andern hinaus: daher werden diese seiner nicht unmittelbar inne. Das Talent gleicht dem Schützen, der ein Ziel trifft, welches die Übrigen nicht erreichen können; das Genie dem, der eines trifft, bis zu welchem sie nicht einmal zu sehen vermögen: daher sie nur mittelbar, also spät, Kunde davon erhalten, und sogar diese nur auf Treu und Glauben annehmen. Demgemäß sagt Goethe im Lehrbrief: „Die Nachahmung ist uns angeboren; der Nachzuahmende wird nicht leicht erkannt. Selten wird das Treffliche gefunden, seltner geschätzt." Und Chamfort sagt: Il en est de la valeur des hommes comme de celle des diamans, qui, à une certaine mesure de grosseur, de pureté, de perfection, ont un prix fixe et marqué, mais qui, par-delà cette mesure, restent sans prix, et ne trouvent point d'acheteurs. Auch schon Bako von Verulam hat es ausgesprochen: Infimarum virtutum, apud vulgus, laus est, mediarum admiratio, supremarum sensus nullus (De augm. sc., L. VI, c. 3). Ja, möchte vielleicht einer entgegnen, apud vulgus! — Dem muß ich jedoch zu Hilfe kommen mit Machiavelli's Versicherung: Nel mondo non è se non volgo*); wie denn auch T h i l o (über den Ruhm) bemerkt, daß zum großen Haufen gewöhnlich einer mehr gehört, als jeder glaubt. — Eine Folge dieser späten Anerkennung der Werke des Genies ist, daß sie selten von ihren Zeitgenossen und demnach in der Frische des Kolorits, welche die Gleichzeitigkeit und Gegenwart verleiht, genossen werden, sondern, gleich den Feigen und Datteln, viel mehr im trockenen, als im frischen Zustande. —

Wenn wir nun endlich noch das Genie von der somatischen Seite betrachten, so finden wir es durch mehrere anatomische und physiologische Eigenschaften bedingt, welche einzeln selten vollkommen vorhanden, noch seltener vollständig beisammen, dennoch alle unerläßlich erfordert sind, so daß daraus erklärlich wird, warum das Genie nur als eine völlig vereinzelte, fast portentose Ausnahme vorkommt. Die Grundbedingung ist ein abnormes Überwiegen der Sensibilität über die Irritabilität und Reproduktionskraft, und zwar, was die Sache erschwert, auf einem männlichen Körper. (Weiber können bedeutendes Talent, aber kein Genie haben: denn sie bleiben stets subjektiv.) Imgleichen muß das Zerebralsystem vom Gangliensystem durch vollkommene Isolation rein geschieden sein, so daß es mit diesem in vollkommenem Gegensatz stehe, wodurch das Gehirn sein Parasitenleben auf dem Organismus recht entschieden, abgesondert, kräftig und unabhängig führt. Freilich wird es dadurch leicht feindlich auf den übrigen Organismus wirken und, durch sein erhöhtes Leben und rastlose Tätigkeit, ihn

---

*) Es gibt nichts anderes auf der Welt als Vulgus.

frühzeitig aufreiben, wenn nicht auch er selbst von energischer Lebenskraft und wohl konstituiert ist: auch dieses letztere also gehört zu den Bedingungen. Ja, sogar ein guter Magen gehört dazu, wegen des speziellen und engen Konsensus dieses Teiles mit dem Gehirn. Hauptsächlich aber muß das Gehirn von ungewöhnlicher Entwickelung und Größe, besonders breit und hoch sein: hingegen wird die Tiefendimension zurückstehen, und das große Gehirn im Verhältnis gegen das kleine abnorm überwiegen. Auf die Gestalt desselben im ganzen und in den Teilen kommt ohne Zweifel sehr viel an: allein dies genau zu bestimmen, reichen unsere Kenntnisse noch nicht aus; obwohl wir die edle, hohe Intelligenz verkündende Form eines Schädels leicht erkennen. Die Textur der Gehirnmasse muß von der äußersten Feinheit und Vollendung sein und aus der reinsten, ausgeschiedensten, zartesten und erregbarsten Nervensubstanz bestehen: gewiß hat auch das quantitative Verhältnis der weißen zur grauen Substanz entschiedenen Einfluß, den wir aber ebenfalls noch nicht anzugeben vermögen. Inzwischen besagt der Obduktionsbericht der Leiche B y r o n ' s [*]), daß bei ihm die weiße Substanz in ungewöhnlich starkem Verhältnis zur grauen stand; desgleichen, daß sein Gehirn sechs Pfund gewogen hat. C u v i e r ' s Gehirn hat fünf Pfund gewogen; das normale Gewicht ist drei Pfund. — Im Gegensatz des überwiegenden Gehirns müssen Rückenmark und Nerven ungewöhnlich dünn sein. Ein schön gewölbter, hoher und breiter Schädel, von dünner Knochenmasse, muß das Gehirn schützen, ohne es irgend

---

[*]) In Medwin's Conversations of L. Byron, p. 333.

einzuengen. Diese ganze Beschaffenheit des Gehirns und Nervensystems ist das Erbteil von der Mutter; worauf wir im folgenden Buche zurückkommen werden. Dieselbe ist aber, um das Phänomen des Genies hervorzubringen, durchaus unzureichend, wenn nicht, als Erbteil vom Vater, ein lebhaftes, leidenschaftliches Temperament hinzukommt, sich somatisch darstellend als ungewöhnliche Energie des Herzens und folglich des Blutumlaufs, zumal nach dem Kopfe hin. Denn hiedurch wird zunächst jene dem Gehirn eigene Turgeszenz vermehrt, vermöge deren es gegen seine Wände drückt; daher es aus jeder durch Verletzung entstandenen Offnung in diesen hervorquillt: zweitens erhält durch die gehörige Kraft des Herzens das Gehirn diejenige innere, von seiner beständigen Hebung und Senkung bei jedem Atemzuge noch verschiedene Bewegung, welche in einer Erschütterung seiner ganzen Masse bei jedem Pulsschlage der vier Zerebral-Arterien besteht und deren Energie seiner hier vermehrten Quantität entsprechen muß, wie denn diese Bewegung überhaupt eine unerläßliche Bedingung seiner Tätigkeit ist. Dieser ist eben daher auch eine kleine Statur und besonders ein kurzer Hals günstig, weil, auf dem kürzeren Wege, das Blut mit mehr Energie zum Gehirn gelangt: deshalb sind die großen Geister selten von großem Körper. Jedoch ist jene Kürze des Weges nicht unerläßlich: z. B. G o e t h e war von mehr als mittlerer Höhe. Wenn nun aber die ganze den Blutumlauf betreffende und daher vom Vater kommende Bedingung fehlt, so wird die von der Mutter stammende günstige Beschaffenheit des Gehirns höchstens ein Talent, einen feinen Verstand, den das alsdann eintretende Phlegma unterstützt, hervorbringen: aber ein phlegmatisches Genie ist unmöglich. Aus dieser vom Vater kommenden Bedingung des Genies erklären sich viele der oben geschilderten Temperamentsfehler desselben. Ist hingegen diese Bedingung ohne die erstere, also bei gewöhnlich oder gar schlecht konstituiertem Gehirn vorhanden; so gibt sie Lebhaftigkeit ohne Geist, Hitze ohne Licht, liefert Tollköpfe, Menschen von unerträglicher Unruhe und Petulanz. Daß von zwei Brüdern nur der eine Genie hat, und dann meistens der ältere, wie es z. B. K a n t s Fall war, ist zunächst daraus erklärlich, daß nur bei s e i n e r Zeugung der Vater im Alter der Kraft und Leidenschaftlichkeit war; wiewohl auch die andere, von der Mutter stammende Bedingung durch ungünstige Umstände verkümmert werden kann.

Noch habe ich hier eine besondere Bemerkung hinzuzufügen über den k i n d l i c h e n Charakter des Genies, d. h. über eine gewisse Ähnlichkeit, welche zwischen dem Genie und dem Kindesalter stattfindet. — In der Kindheit nämlich ist, wie beim Genie, das Zerebral- und Nervensystem entschieden überwiegend: denn seine Entwickelung eilt der des übrigen Organismus weit voraus; sodaß bereits mit dem siebenten Jahre das Gehirn seine volle Ausdehnung und Masse erlangt hat. Schon B i c h a t sagt daher: Dans l'enfance le système nerveux, comparé au musculaire, est proportionnellement plus considérable que dans tous les âges suivans, tandis que, par la suite, la pluspart des autres systèmes prédominent sur celui-ci. On sait que, pour bien voir les nerfs, on choisit toujours les enfans (De la vie et de la mort, Art. 8, § 6). Am spätesten hingegen fängt die Entwickelung des Genitalsystems an, und erst beim Eintritt des Mannesalters sind

Irritabilität, Reproduktion und Genitalfunktion in voller Kraft, wo sie dann, in der Regel, das Übergewicht über die Gehirnfunktion haben. Hieraus ist es erklärlich, daß die Kinder, im allgemeinen, so klug, vernünftig, wißbegierig und gelehrig, ja, im ganzen, zu aller theoretischen Beschäftigung aufgelegter und tauglicher, als die Erwachsenen, sind: sie haben nämlich infolge jenes Entwickelungsganges mehr Intellekt als Willen, d. h. als Neigung, Begierde, Leidenschaft. Denn Intellekt und Gehirn sind eins, und ebenso ist das Genitalsystem eins mit der heftigsten aller Begierden: daher ich dasselbe den Brennpunkt des Willens genannt habe. Eben weil die heillose Tätigkeit dieses Systems noch schlummert, während die des Gehirns schon volle Regsamkeit hat, ist die Kindheit die Zeit der Unschuld und des Glückes, das Paradies des Lebens, das verlorene Eden, auf welches wir, unsern ganzen übrigen Lebensweg hindurch, sehnsüchtig zurückblicken. Die Basis jenes Glückes aber ist, daß in der Kindheit unser ganzes Dasein viel mehr im Erkennen, als im Wollen liegt; welcher Zustand zudem noch von außen durch die Neuheit aller Gegenstände unterstützt wird. Daher liegt die Welt, im Morgenglanze des Lebens, so frisch, so zauberisch schimmernd, so anziehend vor uns. Die kleinen Begierden, schwankenden Neigungen und geringfügigen Sorgen der Kindheit sind gegen jenes Vorwalten der erkennenden Tätigkeit nur ein schwaches Gegengewicht. Der unschuldige und klare Blick der Kinder, an dem wir uns erquicken, und der bisweilen, in einzelnen, den erhabenen, kontemplativen Ausdruck, mit welchem R a p h a e l seine Engelsköpfe verherrlicht hat, erreicht, ist aus dem Gesagten erklärlich. Demnach entwickeln die Geisteskräfte sich viel früher, als die Bedürfnisse, welchen zu dienen sie bestimmt sind: und hierin verfährt die Natur, wie überall, sehr zweckmäßig. Denn in dieser Zeit der vorwaltenden Intelligenz sammelt der Mensch einen großen Vorrat von Erkenntnissen, für künftige, ihm zur Zeit noch fremde Bedürfnisse. Daher ist sein Intellekt jetzt unablässig tätig, faßt begierig alle Erscheinungen auf, brütet darüber und speichert sie sorgfältig auf, für die kommende Zeit, — der Biene gleich, die sehr viel mehr Honig sammelt, als sie verzehren kann, im Vorgefühl künftiger Bedürfnisse. Gewiß ist was der Mensch bis zum Eintritt der Pubertät an Einsicht und Kenntnis erwirbt, im ganzen genommen, mehr, als alles was er nachher lernt, würde er auch noch so gelehrt: denn es ist die Grundlage aller menschlichen Erkenntnisse. — Bis zur selben Zeit waltet im kindlichen Leibe die Plastizität vor, deren Kräfte späterhin, nachdem sie ihr Werk vollendet hat, durch eine Metastase, sich auf das Generationssystem werfen, wodurch mit der Pubertät der Geschlechtstrieb eintritt und jetzt allmählich der Wille das Übergewicht erhält. Dann folgt auf die vorwaltend theoretische, lernbegierige Kindheit das unruhige, bald stürmische, bald schwermütige Jünglingsalter, welches nachher in das heftige und ernste Mannesalter übergeht. Gerade weil im Kinde jener unheilschwangere Trieb fehlt, ist das Wollen desselben so gemäßigt und dem Erkennen untergeordnet, woraus jener Charakter von Unschuld, Intelligenz und Vernünftigkeit entsteht, welcher dem Kindesalter eigentümlich ist. — Worauf nun die Ähnlichkeit des Kindesalters mit dem Genie beruhe, brauche ich kaum noch auszusprechen: im Überschuß der Erkenntniskräfte über die Bedürfnisse des Willens, und im daraus entspringenden Vorwalten der bloß erkennenden Tätigkeit. Wirklich ist jedes Kind gewissermaßen ein Genie, und jedes Genie gewissermaßen ein Kind. Die Verwandtschaft beider zeigt sich zunächst in der Naivetät und erhabenen Einfalt, welche ein Grundzug des echten Genies ist: sie tritt auch außerdem in manchen Zügen an den Tag; sodaß eine gewisse Kindlichkeit allerdings zum Charakter des Genies gehört. In R i e m e r s Mitteilungen über G o e t h e wird (Bd. I, S. 184) erwähnt, daß Herder und andere Goethe tadelnd nachsagten, er sei ewig ein großes Kind: gewiß haben sie es mit Recht gesagt, nur nicht mit Recht getadelt. Auch von M o z a r t hat es geheißen, er sei zeitlebens ein Kind geblieben. (Nissens Biographie Mozarts: S. 2 und 529.) Schlichtegrolls Nekrolog (von 1791, Bd. II, S. 109) sagt von ihm: „Er wurde früh in seiner Kunst ein Mann; in allen übrigen Verhältnissen aber blieb er beständig ein Kind." Jedes Genie ist schon darum ein großes Kind, weil es in die Welt hineinschaut als in ein Fremdes, ein Schauspiel, daher mit rein objektivem Interesse. Demgemäß hat es, so wenig wie das Kind, jene trockene Ernsthaftigkeit der Gewöhnlichen, als welche, keines andern als des subjektiven Interesses fähig, in den Dingen immer bloß Motive für ihr Tun sehen. Wer nicht zeitlebens gewissermaßen ein großes Kind bleibt, sondern ein ernsthafter, nüchterner, durchweg gesetzter und vernünftiger Mann wird, kann ein sehr nützlicher und tüchtiger Bürger dieser Welt sein; nur nimmermehr ein Genie. In der Tat ist das Genie es dadurch, daß jenes, dem Kindesalter natürliche, Überwiegen des sensiblen Systems und der erkennenden

Tätigkeit sich bei ihm, abnormer Weise, das ganze Leben hindurch erhält, also hier ein perennierendes wird. Eine Spur davon zieht sich freilich auch bei manchen gewöhnlichen Menschen noch bis ins Jünglingsalter hinüber; daher z. B. an manchen Studenten noch ein rein geistiges Streben und eine geniale Exzentrizität unverkennbar ist. Allein die Natur kehrt in ihr Gleis zurück: sie verpuppen sich und erstehen, im Mannesalter, als eingefleischte Philister, über die man erschrickt, wenn man sie in späteren Jahren wieder antrifft. — Auf dem ganzen hier dargelegten Hergang beruht auch Goethes schöne Bemerkung: „Kinder halten nicht was sie versprechen; junge Leute sehr selten, und wenn sie Wort halten, hält es ihnen die Welt nicht." (Wahlverwandtschaften, Th. I, Kap. 10.) Die Welt nämlich, welche die Kronen, die sie für das Verdienst hoch emporhielt, nachher denen aufsetzt, welche Werkzeuge ihrer niedrigen Absichten werden, oder aber sie zu betrügen verstehen. — Dem Gesagten gemäß gibt es, wie eine bloße Jugendschönheit, die fast jeder einmal besitzt (beauté, du diable), auch eine bloße Jugend- Intellektualität, ein gewisses geistiges, zum Auffassen, Verstehen, Lernen geneigtes und geeignetes Wesen, welches jeder in der Kindheit, einige noch in der Jugend haben, das aber danach sich verliert, eben wie jene Schönheit. Nur bei höchst Wenigen, den Auserwählten, dauert das eine, wie das andere, das ganze Leben hindurch fort; so daß selbst im höhern Alter noch eine Spur davon sichtbar bleibt: dies sind die wahrhaft schönen, und die wahrhaft genialen Menschen.

Daß Genialität und Wahnsinn eine Seite haben, wo sie aneinander grenzen, ja ineinander übergehen, ist oft bemerkt und sogar die dichterische Begeisterung eine Art Wahnsinn genannt worden,

4. DAS ÄSTHETISCHE WOHLGEFALLEN: DAS SCHÖNE UND DAS ERHABENE.
(W. I. 264—268. — 270—273. — 275—277. — 281—283.)

Wir haben in der ästhetischen Betrachtungsweise zwei unzertrennliche Bestandteile gefunden: die Erkenntnis des Objekts, nicht als einzelnen Dinges, sondern als Platonischer I d e e, d. h. als beharrender Form dieser ganzen Gattung von Dingen; sodann das Selbstbewußtsein des Erkennenden, nicht als Individuums, sondern als reinen, willenlosen Subjekts der Erkenntnis. Die Bedingung, unter welcher beide Bestandteile immer vereint eintreten, war das Verlassen der an den Satz vom Grund gebundenen Erkenntnisweise, welche hingegen zum Dienste des Willens, wie auch zur Wissenschaft, die allein tauglich ist. — Auch das Wohlgefallen, das durch die Betrachtung des Schönen erregt wird, werden wir aus jenen beiden Bestandteilen hervorgehen sehen, und zwar bald mehr aus dem einen, bald mehr aus dem andern, je nachdem der Gegenstand der ästhetischen Kontemplation ist.

Alles Wollen entspringt aus Bedürfnis, also aus Mangel, also aus Leiden. Diesem macht die Erfüllung ein Ende; jedoch gegen einen Wunsch, der erfüllt wird, bleiben wenigstens zehn versagt: ferner, das Begehren dauert lange, die Forderungen gehen ins Unendliche; die

Erfüllung ist kurz und kärglich gemessen. Sogar aber ist die endliche Befriedigung selbst nur scheinbar: der erfüllte Wunsch macht gleich einem neuen Platz: jener ist ein erkannter, dieser noch ein unerkannter Irrtum. Dauernde, nicht mehr weichende Befriedigung kann kein erlangtes Objekt des Wollens geben: sondern es gleicht immer nur dem Almosen, das dem Bettler zugeworfen, sein Leben heute fristet, um seine Qual auf morgen zu verlängern. — Darum nun, solange unser Bewußtsein von unserm Willen erfüllt ist, solange wir dem Drange der Wünsche, mit seinem steten Hoffen und Fürchten, hingegeben sind, solange wir Subjekt des Wollens sind, wird uns nimmermehr dauerndes Glück, noch Ruhe. Ob wir jagen oder fliehen, Unheil fürchten, oder nach Genuß streben, ist im Wesentlichen einerlei: die Sorge für den stets fordernden Willen, gleichviel in welcher Gestalt, erfüllt und bewegt fortdauernd das Bewußtsein; ohne Ruhe aber ist durchaus kein wahres Wohlsein möglich. So liegt das Subjekt des Wollens beständig auf dem drehenden Rade des Ixion, schöpft immer im Siebe der Danaiden, ist der ewig schmachtende Tantalus.

Wann aber äußerer Anlaß, oder innere Stimmung, uns plötzlich aus dem endlosen Strome des Wollens heraushebt, die Erkenntnis dem Sklavendienste des Willens entreißt, die Aufmerksamkeit nun nicht mehr auf die Motive des Wollens gerichtet wird, sondern die Dinge frei von ihrer Beziehung auf den Willen auffaßt, also ohne Interesse, ohne Subjektivität, rein objektiv sie betrachtet, ihnen ganz hingegeben, sofern sie bloß Vorstellungen, nicht sofern sie Motive sind: dann ist die auf jenem ersten Wege des Wollens immer gesuchte, aber immer entfliehende Ruhe mit einem Male von selbst eingetreten, und uns ist völlig wohl.

Es ist der schmerzenslose Zustand, den Epikuros als das höchste Gut und als den Zustand der Götter pries: denn wir sind, für jenen Augenblick, des schnöden Willensdranges entledigt, wir feiern den Sabbath der Zuchthausarbeit des Wollens, das Rad des Ixion steht still.

Dieser Zustand ist aber eben der, welchen ich oben beschrieb als erforderlich zur Erkenntnis der Idee, als reine Kontemplation, Aufgehen in der Anschauung, Verlieren ins Objekt, Vergessen aller Individualität, Aufhebung der dem Satz vom Grunde folgenden und nur Relationen fassenden Erkenntnisweise, wobei zugleich und unzertrennlich das angeschaute einzelne Ding zur Idee seiner Gattung, das erkennende Individuum zum reinen Subjekt des willenlosen Erkennens sich erhebt, und nun beide als solche nicht mehr im Strome der Zeit und aller anderen Relationen stehen. Es ist dann einerlei, ob man aus dem Kerker oder aus dem Palast die Sonne untergehen sieht, ob das schauende Auge einem mächtigen König, oder einem gepeinigten Bettler angehört. Denn weder Glück noch Jammer wird über jene Grenze mit hinüber genommen. So nahe liegt uns beständig ein Gebiet, auf welchem wir allem unserm Jammer gänzlich entronnen sind; aber wer hat die Kraft, sich lange darauf zu erhalten? Sobald irgend eine Beziehung eben jener also rein angeschauten Objekte zu unserm Willen, zu unserer Person, wieder ins Bewußtsein tritt, hat der Zauber ein Ende: wir fallen zurück in die Erkenntnis, welche der Satz vom Grunde beherrscht, erkennen nun nicht mehr die Idee, sondern das einzelne

Ding, das Glied einer Kette, zu der auch wir gehören, und wir sind allem unserm Jammer wieder hingegeben. — Die meisten Menschen stehen, weil ihnen Objektivität, d. i. Genialität, gänzlich abgeht, fast immer auf diesem Standpunkt. Daher sind sie nicht gern allein mit der Natur: sie brauchen Gesellschaft, wenigstens ein Buch. Denn ihr Erkennen bleibt dem Willen dienstbar: sie suchen daher an den Gegenständen nur die etwaige Beziehung auf ihren Willen, und bei allem, was keine solche Beziehung hat, ertönt in ihrem Innern, gleichsam wie ein Grundbaß, ein beständiges, trostloses „Es hilft mir nichts": dadurch erhält in der Einsamkeit auch die schönste Umgebung ein ödes, finsteres, fremdes, feindliches Ansehen für sie.

*

An alle diese Betrachtungen, welche den subjektiven Teil des ästhetischen Wohlgefallens hervorheben sollen, also dieses Wohlgefallen, sofern es Freude über das bloße, anschauliche Erkennen als solches, im Gegensatz des Willens ist, — schließt sich als unmittelbar damit zusammenhängend, folgende Erklärung derjenigen Stimmung, welche man das Gefühl des Erhabenen genannt hat.

Es ist schon oben bemerkt, daß das Versetzen in den Zustand des reinen Anschauens am leichtesten eintritt, wenn die Gegenstände demselben entgegenkommen, d. h. durch ihre mannigfaltige und zugleich bestimmte und deutliche Gestalt leicht zu Repräsentanten ihrer Ideen werden, worin eben die Schönheit, im objektiven Sinne, besteht. Vor allem hat die schöne Natur diese Eigenschaft und gewinnt dadurch selbst dem Unempfindlichsten wenigstens ein flüchtiges ästhetisches Wohlgefallen ab: ja, es ist so auffallend, wie besonders die Pflanzenwelt zur ästhetischen Betrachtung auffordert und sich gleichsam derselben aufdringt, daß man sagen möchte, dieses Entgegenkommen stände damit in Verbindung, daß diese organischen Wesen nicht selbst, wie die tierischen Leiber, unmittelbares Objekt der Erkenntnis sind, daher sie des fremden verständigen Individuums bedürfen, um aus der Welt des blinden Wollens in die der Vorstellung einzutreten, weshalb sie gleichsam nach diesem Eintritt sich sehnten, um wenigstens mittelbar zu erlangen, was ihnen unmittelbar versagt ist. Ich lasse übrigens diesen gewagten und vielleicht an Schwärmerei grenzenden Gedanken ganz und gar dahingestellt sein, da nur eine sehr innige und hingebende Betrachtung der Natur ihn erregen oder rechtfertigen kann. Solange nun dieses Entgegenkommen der Natur, die Bedeutsamkeit und Deutlichkeit ihrer Formen, aus denen die in ihnen individualisierten Ideen uns leicht ansprechen, es ist, die uns aus der dem Willen dienstbaren Erkenntnis bloßer Relationen in die ästhetische Kontemplation versetzt und eben damit zum willensfreien Subjekt des Erkennens erhebt: so lange ist es bloß das S c h ö n e, was auf uns wirkt, und Gefühl der Schönheit, was erregt ist. Wenn nun aber jene Gegenstände, deren bedeutsame Gestalten uns zu ihrer reinen Kontemplation einladen, gegen den menschlichen Willen überhaupt, wie er in seiner Objektität, dem menschlichen Leibe, sich darstellt, ein feindliches Verhältnis haben, ihm entgegen sind, durch ihre allen Widerstand aufhebende Übermacht ihn bedrohen, oder vor ihrer unermeßlichen Größe ihn bis zum

Nichts verkleinern; der Betrachter aber dennoch nicht auf dieses sich aufdringende feindliche Verhältnis zu seinem Willen seine Aufmerksamkeit richtet; sondern, obwohl es wahrnehmend und anerkennend, sich mit Bewußtsein davon abwendet, indem er sich von seinem Willen und dessen Verhältnissen gewaltsam losreißt und allein der Erkenntnis hingegeben, eben jene dem Willen furchtbaren Gegenstände als reines willenloses Subjekt des Erkennens ruhig kontempliert, ihre jeder Relation fremde Idee allein auffassend, daher gerne bei ihrer Betrachtung weilend, folglich eben dadurch über sich selbst, seine Person, sein Wollen und alles Wollen hinausgehoben wird: — dann erfüllt ihn das Gefühl des E r - h a b e n e n, er ist im Zustand der Erhebung, und deshalb nennt man auch den solchen Zustand veranlassenden Gegenstand e r h a b e n. Was also das Gefühl des Erhabenen von dem des Schönen unterscheidet, ist dieses: beim Schönen hat das reine Erkennen ohne Kampf die Oberhand gewonnen, indem die Schönheit des Objekts, d. h. dessen die Erkenntnis seiner Idee erleichternde Beschaffenheit, den Willen und die seinem Dienste fröhnende Erkenntnis der Relationen, ohne Widerstand und daher unmerklich aus dem Bewußtsein entfernte und dasselbe als reines Subjekt des Erkennens übrig ließ, so daß selbst keine Erinnerung an den Willen nachbleibt: hingegen bei dem Erhabenen ist jener Zustand des reinen Erkennens allererst gewonnen durch ein bewußtes und gewaltsames Losreißen von den als ungünstig erkannten Beziehungen desselben Objekts zum Willen, durch ein freies, von Bewußtsein begleitetes Erheben über den Willen und die auf ihn sich beziehende Erkenntnis. Diese Erhebung muß mit Bewußtsein nicht nur gewonnen, sondern auch erhalten werden und ist daher von einer steten Erinnerung an den Willen begleitet, doch nicht an ein einzelnes, individuelles Wollen, wie Furcht oder Wunsch, sondern an das menschliche Wollen überhaupt, sofern es durch seine Objektität, den menschlichen Leib, allgemein ausgedrückt ist. Träte ein realer einzelner Willensakt ins Bewußtsein, durch wirkliche, persönliche Bedrängnis und Gefahr vom Gegenstande; so würde der also wirklich bewegte individuelle Wille alsbald die Oberhand gewinnen, die Ruhe der Kontemplation unmöglich werden, der Eindruck des Erhabenen verloren gehen, indem er der Angst Platz macht, in welcher das Streben des Individuums, sich zu retten, jeden andern Gedanken verdrängte.

Ein Beispiel: Die Natur in stürmischer Bewegung; Helldunkel, durch drohende schwarze Gewitterwolken; ungeheure, nackte, herabhängende Felsen, welche durch ihre Verschränkung die Aussicht verschließen; rauschende schäumende Gewässer; gänzliche Öde; Wehklage der durch die Schluchten streichenden Luft. Unsere Abhängigkeit, unser Kampf mit der feindlichen Natur, unser darin gebrochener Wille, tritt uns jetzt anschaulich vor Augen: so lange aber nicht die persönliche Bedrängnis die Oberhand gewinnt, sondern wir in ästhetischer Beschauung beiben, blickt durch jenen Kampf der Natur, durch jenes Bild des gebrochenen Willens, das reine Subjekt des Erkennens durch und faßt ruhig, unerschüttert, nicht mitgetroffen (unconcerned), an eben den Gegenständen, welche dem Willen drohend und furchtbar sind, die Ideen auf. In diesem Kontrast eben liegt das Gefühl des Erhabenen.

Aber noch mächtiger wird der Eindruck, wenn wir den Kampf der empörten Naturkräfte im Großen vor Augen haben, wenn in jener Umgebung ein fallender Strom durch sein Toben uns die Möglichkeit die eigene Stimme zu hören benimmt; — oder wenn wir am weiten, im Sturm empörten Meere stehen: häuserhohe Wellen steigen und sinken, gewaltsam gegen schroffe Uferklippen geschlagen, spritzen sie den Schaum hoch in die Luft, der Sturm heult, das Meer brüllt, Blitze aus schwarzen Wolken zucken und Donnerschläge übertönen Sturm und Meer. Dann erreicht im unerschütterten Zuschauer dieses Auftritts die Duplicität seines Bewußtseins die höchste Deutlichkeit: er empfindet sich zugleich als Individuum, als hinfällige Willenserscheinung, die der geringste Schlag jener Kräfte zertrümmern kann, hilflos gegen die gewaltige Natur, abhängig, dem Zufall preisgegeben, ein verschwindendes Nichts, ungeheuren Mächten gegenüber; und dabei nun zugleich als ewiges ruhiges Subjekt des Erkennens, welches, als Bedingung des Objekts, der Träger eben dieser ganzen Welt ist und der furchtbare Kampf der Natur nur seine Vorstellung, es selbst in ruhigere Auffassung der Ideen, frei und fremd allem Wollen und allen Nöten. Es ist der volle Eindruck des Erhabenen. Hier veranlaßt ihn der Anblick einer dem Individuo Vernichtung drohenden, ihm ohne allen Vergleich überlegene Macht.

Auf ganz andere Weise kann er entstehen bei der Vergegenwärtigung einer bloßen Größe in Raum und Zeit, deren Unermeßlichkeit das Individuum zu Nichts verkleinert. Wir können die erstere Art das Dynamisch-, die zweite das Mathematisch-Erhabene nennen, Kants Benennungen und seine richtige Einteilung beibehaltend, obgleich wir in der Erklärung des inneren Wesens jenes Eindrucks ganz von ihm abweichen und weder moralischen Reflexionen, noch Hypostasen aus der scholastischen Philosophie einen Anteil dabei zugestehen.

Wenn wir uns in die Betrachtung der unendlichen Größe der Welt in Raum und Zeit verlieren, den verflossenen Jahrtausenden und den kommenden nachsinnen, — oder auch, wenn der nächtliche Himmel uns zahllose Welten wirklich vor Augen bringt, und so die Unermeßlichkeit der Welt auf das Bewußtsein eindringt, — so fühlen wir uns selbst zu Nichts verkleinert, fühlen uns als Individuum, als belebter Leib, als vergängliche Willenserscheinung, wie ein Tropfen im Ozean, dahin schwinden, in Nichts zerfließen. Aber zugleich erhebt sich gegen solches Gespenst unserer eigenen Nichtigkeit, gegen solche lügende Unmöglichkeit, das unmittelbare Bewußtsein, daß alle diese Welten ja nur in unserer Vorstellung da sind, nur als Modifikationen des ewigen Subjekts des reinen Erkennens, als welches wir uns finden, sobald wir die Individualität vergessen, und welches der notwendige, der bedingende Träger aller Welten und aller Zeiten ist. Die Größe der Welt, die uns vorher beunruhigte, ruht jetzt in uns: unsere Abhängigkeit von ihr wird aufgehoben durch ihre Abhängigkeit von uns. — Dieses alles kommt jedoch nicht sofort in die Reflexion, sondern zeigt sich als ein nur gefühltes Bewußtsein, daß man, in irgend einem Sinne (den allein die Philosophie deutlich macht), mit der Welt eines ist und daher durch ihre Unermeßlichkeit nicht niedergedrückt, sondern gehoben wird. Es ist das gefühlte Bewußtsein dessen, was die Upanischaden der Veden in so mannigfaltigen Wendungen wiederholt aussprechen, vorzüglich in dem schon oben beigebrachten Spruch: Hae omnes creaturae in totum ego sum, et praeter me aliud ens non est (Oupnek'hat, Bd. 1, S. 122). Es ist Erhebung über das eigene Individuum, Gefühl des Erhabenen.

*

Das R e i z e n d e ist das eigentliche Gegenteil des Erhabenen, es regt den Willen dadurch auf, daß es ihm die Gewährung unmittelbar vorenthält; aus der reinen Kontemplation, die zu jeder Auffassung des Schönen erforderlich ist, zieht es den Beschauer herab. Darum ist das Reizende in der Kunst überall zu vermeiden. So widersprechen nackte Gestalten, deren Stellung, halbe Bekleidung oder Behandlungsart darauf hinzielt, im Beschauer Lüsternheit zu erregen, dem Zwecke der Kunst. Die antiken Künstler schufen jedoch mit rein objektivem, von der idealen Schönheit erfülltem Geiste, nicht im Geiste subjektiver, schnöder Begierde.

Noch mehr als das Positiv-Reizende ist das Negativ-Reizende, das E k e l h a f t e zu verwerfen, es erweckt den Willen, indem es ihm Gegenstände seines Abscheus vorhält. Durchaus unzulässig ist es in der Kunst, wo doch selbst das Häßliche, solange es nicht ekelhaft ist, an der rechten Stelle gelitten werden kann.

*

Indem wir einen Gegenstand s c h ö n nennen, sprechen wir dadurch aus, daß er Objekt unserer ästhetischen

Betrachtung ist, welches zweierlei in sich schließt, einerseits nämlich, daß sein Anblick uns o b j e k t i v macht, d. h. daß wir in der Betrachtung desselben nicht mehr unserer als Individuen, sondern als reinen willenlosen Subjekts des Erkennens uns bewußt sind; und andererseits, daß wir im Gegenstande nicht das einzelne Ding, sondern eine Idee erkennen, welches nur geschehen kann, sofern unsere Betrachtung des Gegenstandes nicht dem Satz vom Grunde hingegeben ist, nicht seiner Beziehung zu irgend etwas außer ihm (welche zuletzt immer mit Beziehungen auf unser Wollen zusammenhängt) nachgeht, sondern auf dem Objekte selbst ruht. Denn die Idee und das reine Subjekt des Erkennens treten als notwendige Korrelata immer zugleich ins Bewußtsein, bei welchem Eintritt auch aller Zeitunterschied sogleich verschwindet, da beide dem Satz vom Grunde in allen seinen Gestaltungen völlig fremd sind und außerhalb der durch ihn gesetzten Relationen liegen, dem Regenbogen und der Sonne zu vergleichen, die an der steten Bewegung und Sukzession der fallenden Tropfen keinen Teil haben. Daher, wenn ich z. B. einen Baum ästhetisch, d. h. mit künstlerischen Augen betrachte, also nicht ihn, sondern seine Idee erkenne, es sofort ohne Bedeutung ist, ob es dieser Baum oder sein vor tausend Jahren blühender Vorfahr ist, und eben so ob der Betrachter dieses, oder irgend ein anderes, irgendwann und irgendwo lebendes Individuum ist; mit dem Satz vom Grunde ist das einzelne Ding und das erkennende Individuum aufgehoben und nichts bleibt übrig, als die Idee und das reine Subjekt des Erkennens, welche zusammen die adäquate Objektität des Willens auf dieser Stufe ausmachen. Und nicht allein der Zeit, sondern auch dem Raum ist die Idee enthoben: denn nicht die mir vorschwebende räumliche Gestalt, sondern der Ausdruck, die reine Bedeutung derselben, ihr innerstes Wesen, das sich mir aufschließt und mich anspricht, ist eigentlich die Idee und kann ganz dasselbe sein, bei großem Unterschied der räumlichen Verhältnisse der Gestalt.

Da nun einerseits jedes vorhandene Ding rein objektiv und außer aller Relation betrachtet werden kann; da ferner auch andererseits in jedem Dinge der Wille, auf irgend einer Stufe seiner Objektität, erscheint, und dasselbe sonach Ausdruck einer Idee ist; so ist auch jedes Ding s c h ö n. — Daß auch das Unbedeutendste die rein objektive und willenlose Betrachtung zuläßt und dadurch sich als schön bewährt, bezeugt schon das Stillleben der Niederländer. Schöner ist aber eines als das andere dadurch, daß es jene rein objektive Betrachtung erleichtert, ihr entgegenkommt, ja gleichsam dazu zwingt, wo wir es dann sehr schön nennen. Dies ist der Fall teils dadurch, daß es als einzelnes Ding, durch das sehr deutliche, rein bestimmte, durchaus bedeutsame Verhältnis seiner Teile die Idee seiner Gattung rein ausspricht und durch in ihm vereinigte Vollständigkeit aller seiner Gattung möglichen Äußerungen die Idee derselben vollkommen offenbart, so daß es dem Betrachter den Übergang vom einzelnen Ding zur Idee und eben damit auch den Zustand der reinen Beschaulichkeit sehr erleichtert; teils liegt jener Vorzug besonderer Schönheit eines Objekts darin, daß die Idee selbst, die uns aus ihm anspricht, eine hohe Stufe der Objektität des Willens und daher durchaus bedeutend und vielsagend sei. Darum ist der Mensch vor allem andern schön und die Offenbarung seines Wesens das höchste Ziel der Kunst. Menschliche Gestalt und menschlicher Ausdruck sind das bedeutendste Objekt der bildenden Kunst, so wie menschliches Handeln das bedeutendste Objekt der Poesie. — Es hat aber dennoch jedes Ding seine eigentümliche Schönheit: nicht nur jedes Organische und in der Einheit einer Individualität sich darstellende; sondern auch jedes Unorganische, Formlose, ja jedes Artefakt. Denn alle diese offenbaren die Ideen, durch welche der Wille sich auf den untersten Stufen objektiviert, geben gleichsam die tiefsten, verhallenden Baßtöne der Natur an.

5. ÜBER DAS INNERE WESEN DER KUNST.
(W. II. 475 ff.)

Nicht bloß die Philosophie, sondern auch die schönen Künste arbeiten im Grunde darauf hin, das Problem des Daseins zu lösen. Denn in jedem Geiste, der sich einmal der rein objektiven Betrachtung der Welt hingibt, ist, wie versteckt und unbewußt es auch sein mag, ein Streben rege geworden, das wahre Wesen der Dinge, des Lebens, des Daseins, zu erfassen. Denn dieses allein hat Interesse für den Intellekt als solchen, d. h. für das von den Zwecken des Willens frei gewordene, also reine Subjekt des Erkennens; wie für das als bloßes Individuum erkennende Subjekt die Zwecke des Willens allein Interesse haben. — Dieserhalb ist das Ergebnis jeder rein objektiven, also auch jeder künstlerischen Auffassung der Dinge ein Ausdruck mehr vom Wesen des Lebens und Daseins, eine Antwort mehr auf die Frage:

„Was ist das Leben?" — Diese Frage beantwortet jedes echte und gelungene Kunstwerk, auf seine Weise, völlig richtig. Allein die Künste reden sämtlich nur die naive und kindliche Sprache der Anschauung, nicht die abstrakte und ernste der R e f l e x i o n : ihre Antwort ist daher ein flüchtiges Bild; nicht eine bleibende allgemeine Erkenntnis. Also für die A n s c h a u u n g beantwortet jedes Kunstwerk jene Frage, jedes Gemälde, jede Statue, jedes Gedicht, jede Szene auf der Bühne: auch die Musik beantwortet sie; und zwar tiefer als alle andern, indem sie, in einer ganz unmittelbar verständlichen Sprache, die jedoch in die der Vernunft nicht übersetzbar ist, das innerste Wesen alles Lebens und Daseins ausspricht. Die übrigen Künste also halten sämtlich dem Frager ein anschauliches Bild vor und sagen: „Siehe hier, das ist das Leben!" — Ihre Antwort, so richtig sie auch sein mag, wird jedoch immer nur eine einstweilige, nicht eine gänzliche und finale Befriedigung gewähren. Denn sie geben immer nur ein Fragment, ein Beispiel statt der Regel, nicht das Ganze, als welches nur in der Allgemeinheit des B e g r i f f e s gegeben werden kann. Für diesen daher, also für die Reflexion und in abstracto, eine eben deshalb bleibende und auf immer genügende Beantwortung jener Frage zu geben, — ist die Aufgabe der Philosophie. Inzwischen sehen wir hier, worauf die Verwandtschaft der Philosophie mit den schönen Künsten beruht, und können daraus abnehmen, inwiefern auch die Fähigkeit zu beiden, wiewohl in ihrer Richtung und im Sekundären sehr verschieden, doch in der Wurzel dieselbe ist.

Jedes Kunstwerk ist demgemäß eigentlich bemüht, uns das Leben und die Dinge so zu zeigen, wie sie in Wahrheit sind, aber, durch den Nebel objektiver und subjektiver Zufälligkeiten hindurch, nicht von jedem unmittelbar erfaßt werden können. Diesen Nebel nimmt die Kunst hinweg.

Die Werke der Dichter, Bildner und darstellenden Künstler überhaupt enthalten anerkanntermaßen einen Schatz tiefer Weisheit: eben weil aus ihnen die Weisheit der Natur der Dinge selbst redet, deren Aussagen sie bloß durch Verdeutlichung und reinere Wiederholung verdolmetschen. Deshalb muß aber freilich auch jeder, der das Gedicht liest, oder das Kunstwerk betrachtet, aus eigenen Mitteln beitragen, jene Weisheit zutage zu fördern: folglich faßt er nur soviel davon, als seine Fähigkeit und seine Bildung zuläßt; wie ins tiefe Meer jeder Schiffer sein Senkblei so tief hinabläßt, als dessen Länge reicht. Vor ein Bild hat jeder sich hinzustellen, wie vor einen Fürsten, abwartend, ob und was es zu ihm sprechen werde; und, wie jenen, auch dieses nicht selbst anzureden: denn da würde er nur sich selbst vernehmen. — Dem allen zufolge ist in den Werken der darstellenden Künste zwar alle Weisheit enthalten, jedoch nur virtualiter oder implicite: hingegen dieselbe actualiter und explicite zu liefern ist die Philosophie bemüht, welche in diesem Sinne sich zu jenen verhält, wie der Wein zu den Trauben. Was sie zu liefern verspricht, wäre gleichsam ein schon realisierter und barer Gewinn, ein fester und bleibender Besitz; während der aus den Leistungen und Werken der Kunst hervorgehende nur ein stets neu zu erzeugender ist. Dafür aber macht sie nicht bloß an den, der ihre Werke schaffen, sondern auch an den, der sie genießen soll, abschreckende, schwer zu erfüllende

Anforderungen. Daher bleibt ihr Publikum klein, während das der Künste groß ist. —

Die oben zum Genuß eines Kunstwerkes verlangte Mitwirkung des Beschauers beruht zum Teil darauf, daß jedes Kunstwerk nur durch das Medium der Phantasie wirken kann, daher es diese anregen muß und sie nie aus dem Spiel gelassen werden und untätig bleiben darf. Dies ist eine Bedingung der ästhetischen Wirkung und daher ein Grundgesetz aller schönen Künste. Aus demselben aber folgt, daß, durch das Kunstwerk, nicht alles geradezu den Sinnen gegeben werden darf, vielmehr nur so viel, als erfordert ist, die Phantasie auf den rechten Weg zu leiten: ihr muß immer noch etwas und zwar das Letzte zu tun übrig bleiben. Muß doch sogar der Schriftsteller stets dem Leser noch etwas zu denken übrig lassen; da Voltaire sehr richtig gesagt hat: Le secret d'être ennuyeux, c'est de tout dire. In der Kunst aber ist überdies das allerbeste zu geistig, um geradezu den Sinnen gegeben zu werden: es muß in der Phantasie des Beschauers geboren, wiewohl durch das Kunstwerk erzeugt werden. Hierauf beruht es, daß die Skizzen großer Meister oft mehr wirken, als ihre ausgemalten Bilder; wozu freilich noch der andere Vorteil beiträgt, daß sie, aus e i n e m Guß, im Augenblick der Konzeption vollendet sind; während das ausgeführte Gemälde, da die Begeisterung doch nicht bis zu seiner Vollendung anhalten kann, nur unter fortgesetzter Bemühung, mittelst kluger Überlegung und beharrlicher Absichtlichkeit zustande kommt. — Aus dem in Rede stehenden ästhetischen Grundgesetze wird ferner auch erklärlich, warum W a c h s f i g u r e n, obgleich gerade in ihnen die Nachahmung der Natur den höchsten Grad erreichen kann, nie eine ästhetische Wirkung hervorbringen und daher nicht eigentliche Werke der schönen Kunst sind. Denn sie lassen der Phantasie nichts zu tun übrig. Die Skulptur nämlich gibt die bloße Form, ohne die Farbe; die Malerei gibt die Farbe, aber den bloßen Schein der Form: beide also wenden sich an die Phantasie des Beschauers. Die Wachsfigur hingegen gibt alles, Form und Farbe zugleich; woraus der Schein der Wirklichkeit entsteht und die Phantasie aus dem Spiele bleibt. — Dagegen wendet die P o e s i e sich sogar allein an die Phantasie, welche sie mittelst bloßer Worte in Tätigkeit versetzt. —

Ein willkürliches Spielen mit den Mitteln der Kunst, ohne eigentliche Kenntnis des Zweckes, ist, in jeder, der Grundcharakter der Pfuscherei. Ein solches zeigt sich in den nichts tragenden Stützen, den zwecklosen Voluten, Bauschungen und Vorsprüngen schlechter Architektur, in den nichtssagenden Läufen und Figuren, nebst dem zwecklosen Lärm schlechter Musik, im Klingklang der Reime sinnarmer Gedichte usw. —

Infolge der vorhergegangenen Kapitel und meiner ganzen Ansicht von der Kunst, ist ihr Zweck die Erleichterung der Erkenntnis der I d e e n der Welt (im Platonischen Sinn, dem einzigen, den ich für das Wort I d e e anerkenne). Die I d e e n aber sind wesentlich ein Anschauliches und daher, in seinen nähern Bestimmungen, unerschöpfliches. Die Mitteilung eines solchen kann daher nur auf dem Wege der Anschauung geschehen, welches der der Kunst ist. Wer also von der Auffassung einer I d e e erfüllt ist, ist gerechtfertigt, wenn er die

Kunst zum Medium seiner Mitteilung wählt. — Der bloße **B e g r i f f** hingegen ist ein vollkommen Bestimmbares, daher zu Erschöpfendes, deutlich Gedachtes, welches sich, seinem ganzen Inhalt nach, durch Worte, kalt und nüchtern mitteilen läßt. Ein solches nun aber durch ein **K u n s t w e r k** mitteilen zu wollen, ist ein sehr unnützer Umweg, ja, gehört zu dem eben gerügten Spielen mit den Mitteln der Kunst, ohne Kenntnis des Zwecks. Daher ist ein Kunstwerk, dessen Konzeption aus bloßen deutlichen Begriffen hervorgegangen, allemal ein unechtes. Wenn wir nun, bei Betrachtung eines Werkes der bildenden Kunst, oder beim Lesen einer Dichtung, oder beim Anhören einer Musik (die etwas Bestimmtes zu schildern bezweckt), durch alle die reichen Kunstmittel hindurch, den deutlichen, begrenzten, kalten, nüchternen Begriff durchschimmern und am Ende hervortreten sehen, welcher der Kern dieses Werkes war, dessen ganze Konzeption mithin nur im deutlichen Denken desselben bestanden hat und demnach durch die Mitteilung desselben von Grund aus erschöpft ist; so empfinden wir Ekel und Unwillen: denn wir sehen uns getäuscht und um unsere Teilnahme und Aufmerksamkeit betrogen. Ganz befriedigt durch den Eindruck eines Kunstwerks sind wir nur dann, wann er etwas hinterläßt, das wir, bei allem Nachdenken darüber, nicht bis zur Deutlichkeit eines Begriffs herabziehen können. Das Merkmal jenes hybriden Ursprungs aus bloßen Begriffen ist, daß der Urheber eines Kunstwerks, ehe er an die Ausführung ging, mit deutlichen Worten angeben konnte, was er darzustellen beabsichtigte: denn da wäre durch diese Worte selbst sein ganzer Zweck zu erreichen gewesen. Daher ist es ein so unwürdiges, wie albernes Unternehmen, wenn man, wie heutzutage öfter versucht worden, eine Dichtung Shakespeare's, oder Goethe's, zurückführen will auf eine abstrakte Wahrheit, deren Mitteilung ihr Zweck gewesen wäre. Denken soll freilich der Künstler, bei der Anordnung seines Werkes: aber nur d a s Gedachte, was g e - s c h a u t wurde ehe es gedacht war, hat nachmals, bei der Mitteilung, anregende Kraft und wird dadurch unvergänglich. — Hier wollen wir nun die Bemerkung nicht unterdrücken, daß allerdings die Werke aus e i n e m Guß, wie die bereits erwähnte Skizze der Maler, welche in der Begeisterung der ersten Konzeption vollendet, und wie unbewußt hingezeichnet wird, desgleichen die Melodie, welche ohne alle Reflexion und völlig wie durch Eingebung kommt, endlich auch das eigentlich lyrische Gedicht, das bloße Lied, in welches die tief gefühlte Stimmung der Gegenwart und der Eindruck der Umgebung sich mit Worten, deren Silbenmaße und Reime von selbst eintreffen, wie unwillkürlich ergießt, — daß, sage ich, diese alle den großen Vorzug haben, das lautere Werk der Begeisterung des Augenblicks, der Inspiration, der freien Regung des Genius zu sein, ohne alle Einmischung der Absichtlichkeit und Reflexion; daher sie eben durch und durch erfreulich und genießbar sind, ohne Schale und Kern, und ihre Wirkung viel unfehlbarer ist, als die der größten Kunstwerke, von langsamer und überlegter Ausführung. An allen diesen nämlich, also an den großen historischen Gemälden, an den langen Epopöen, den großen Opern usw. hat die Reflexion, die Absicht und durchdachte Wahl bedeutenden Anteil: Verstand, Technik und Routine müssen hier die

Lücken ausfüllen, welche die geniale Konzeption und Begeisterung gelassen hat, und allerlei notwendiges Nebenwerk muß, als Zement der eigentlich allein echten Glanzpartien, diese durchziehen. Hieraus ist es erklärlich, daß alle solche Werke, die vollkommensten Meisterstücke der allergrößten Meister (wie z. B. Hamlet, Faust, die Oper Don Juan) allein ausgenommen, einiges Schales und Langweiliges unvermeidlich beigemischt erhalten, welches ihren Genuß in etwas verkümmert. Belege hiezu sind die Messiade, die Gerusalemme liberata, sogar Paradise lost und die Aeneide: macht doch schon Horaz die kühne Bemerkung: Quandoque dormitat bonus Homerus. Daß aber dies sich so verhält ist eine Folge der Beschränkung menschlicher Kräfte überhaupt. —

Die Mutter der nützlichen Künste ist die Not; die der schönen der Überfluß. Zum Vater haben jene den Verstand, diese das Genie, welches selbst eine Art Überfluß ist, nämlich der der Erkenntniskraft über das zum Dienste des Willens erforderliche Maß.

6. ÜBER DIE RANGORDNUNG DER KÜNSTE

von der Baukunst bis zur Musik vgl. die „Einführung III"; hier sei nur die

ÄSTHETIK DER DICHTKUNST

(W. I. 323. 328—337.)

wiedergegeben.

Offenbarung derjenigen Idee, welche die höchste Stufe der Objektität des Willens ist, Darstellung des Menschen in der zusammenhängenden Reihe seiner Bestrebungen und Handlungen ist also der große Vorwurf der Poesie. —

Die Darstellung der Idee der Menschheit, welche dem Dichter obliegt, kann er nun entweder so ausführen, daß der Dargestellte zugleich auch der Darstellende ist: dieses geschieht in der lyrischen Poesie, im eigentlichen Liede, wo der Dichtende nur seinen eigenen Zustand lebhaft anschaut und beschreibt, wobei daher, durch den Gegenstand, dieser Gattung eine gewisse Subjektivität wesentlich ist; — oder aber der Darzustellende ist vom Darstellenden ganz verschieden, wie in allen anderen Gattungen, wo mehr oder weniger der Darstellende hinter dem Dargestellten sich verbirgt und zuletzt ganz verschwindet. In der Romanze drückt der Darstellende seinen eigenen Zustand noch durch Ton und Haltung des Ganzen in etwas aus: viel objektiver als das Lied hat sie daher noch etwas Subjektives, dieses verschwindet schon mehr im Idyll, noch viel mehr im Roman, fast ganz im eigentlichen Epos, und bis auf die letzte Spur endlich im Drama, welches die objektivste und in mehr als einer Hinsicht vollkommenste, auch schwierigste Gattung der Poesie ist. Die lyrische Gattung ist eben deshalb die leichteste, und wenn die Kunst sonst nur dem so seltenen echten Genius angehört, so kann selbst der im Ganzen nicht sehr eminente Mensch, wenn in der Tat, durch starke Anregung von außen, irgend eine Begeisterung seine Geisteskräfte erhöht, ein schönes Lied zustande bringen: denn es bedarf dazu nur einer lebhaften Anschauung seines eigenen Zustandes im aufgeregten Moment. Dies beweisen viele einzelne Lieder übrigens unbekannt gebliebener Individuen, besonders die deutschen Volkslieder, von denen wir im „Wunderhorn" eine treffliche Sammlung haben, und eben so unzählige Liebes- und andere Lieder des Volkes in allen Sprachen. Denn die Stimmung des Augenblickes zu ergreifen und im Liede zu verkörpern ist die ganze Leistung dieser poetischen Gattung. Dennoch bildet in der lyrischen Poesie echter Dichter sich das Innere der ganzen Menschheit ab, und alles, was Millionen gewesener, seiender, künftiger Menschen, in den selben, weil stets wiederkehrenden, Lagen, empfunden haben und empfinden werden, findet darin seinen entsprechenden Ausdruck. Weil jene Lagen, durch die beständige Wiederkehr, eben wie die Menschheit selbst, als bleibende dastehen und stets dieselben Empfindungen hervorrufen, bleiben die lyrischen Produkte echter Dichter Jahrtausende hindurch richtig, wirksam und frisch. Ist doch überhaupt der Dichter der allgemeine Mensch: alles, was irgend eines Menschen Herz bewegt hat, und was die menschliche Natur, in irgend einer Lage, aus sich hervortreibt, was irgendwo in einer Menschenbrust wohnt und brütet, — ist sein Thema und sein Stoff; wie daneben auch die ganze übrige Natur. Daher kann der Dichter so gut die Wollust, wie die Mystik besingen, Anakreon, oder Angelus Silesius sein, Tragödien, oder Komödien schreiben, die erhabene, oder die gemeine Gesinnung darstellen, — nach Laune und Beruf. Demnach darf niemand dem Dichter vorschreiben, daß er edel und erhaben, moralisch, fromm, christlich, oder dies oder das sein soll, noch weniger ihm vorwerfen, daß er dies und nicht jenes sei. Er ist der Spiegel der Menschheit, und bringt ihr was sie fühlt und treibt zum Bewußtsein.

Betrachten wir nun das Wesen des eigentlichen Liedes näher und nehmen dabei treffliche und zugleich reine Muster zu Beispielen, nicht solche, die sich schon einer andern Gattung, etwa der Romanze, der Elegie, der Hymne, dem Epigramm usw. irgendwie nähern; so werden wir finden, daß das eigentümliche Wesen des Liedes im engsten Sinne folgendes ist. — Es ist das Subjekt des Willens, d. h. das eigene Wollen, was das Bewußtsein des Singenden füllt, oft als ein entbundenes, befriedigtes Wollen (Freude), wohl noch öfter aber als ein gehemmtes (Trauer), immer als Affekt, Leidenschaft, bewegter Gemütszustand. Neben diesem jedoch und zugleich damit wird durch den Anblick der umgebenden Natur der Singende sich seiner bewußt als Subjekts des reinen, willenlosen Erkennens, dessen unerschütterliche, selige Ruhe nunmehr in Kontrast tritt mit dem Drange des immer beschränkten, immer noch dürftigen Wollens: die Empfindung dieses Kontrastes, dieses Wechselspieles ist eigentlich was sich im Ganzen des Liedes ausspricht und was überhaupt den lyrischen Zustand ausmacht. In diesem tritt gleichsam das reine Erkennen zu uns heran, um uns vom Wollen und seinem Drange zu erlösen: wir folgen; doch nur auf Augenblicke: immer von neuem entreißt das Wollen, die Erinnerung an unsere persönliche Zwecke, uns der ruhigen Beschauung; aber auch immer wieder entlockt uns dem Wollen die nächste schöne Umgebung, in welcher sich die reine willenslose Erkenntnis uns darbietet. Darum geht im Liede und der lyrischen Stimmung das Wollen (das persönliche Interesse der Zwecke) und das reine Anschauen der sich darbietenden Umgebung wundersam gemischt durcheinander: es werden Beziehungen zwischen beiden gesucht und imaginiert; die subjektive Stimmung, die Affektion des Willens, teilt der angeschauten Umgebung und diese wiederum jener ihre Farbe im Reflex mit: von diesem ganzen so gemischten und geteilten Gemütszustande ist das echte Lied der Abdruck. — Um sich diese abstrakte Zergliederung eines von aller Abstraktion sehr fernen Zustandes an Beispielen faßlich zu machen, kann man jedes der unsterblichen Lieder Goethes zur Hand nehmen: als besonders deutlich zu diesem Zweck will ich nur einige empfehlen: „Schäfers Klagelied", „Willkommen und Abschied", „An den Mond", „Auf dem See", „Herbstgefühl", auch sind ferner die eigentlichen Lieder im „Wunderhorn" vortreffliche Beispiele: ganz besonders jenes, welches anhebt: „O Bremen, ich muß dich nun lassen." — Als eine komische, richtig treffende Parodie des lyrischen Charakters ist mir ein Lied von Voß merkwürdig, in welchem er die Empfindung eines betrunkenen, vom Turm herabfallenden Bleideckers schildert, der im Vorbeifallen die seinem Zustande sehr fremde, also der willensfreien Erkenntnis angehörige Bemerkung macht, daß die Turmuhr eben halb zwölf weist. — Wer die dargelegte Ansicht des lyrischen Zustandes mit mir teilt, wird auch zugeben, daß derselbe eigentlich die anschauliche und poetische Erkenntnis jenes in meiner Abhandlung über den Satz vom Grunde aufgestellten, auch in dieser Schrift schon erwähnten Satzes sei, daß die Identität des Subjekts des Erkennens mit dem des Wollens, das Wunder $\varkappa\alpha\tau$' $\varepsilon\xi o\chi\eta\nu$ genannt werden kann; so daß die poetische Wirkung des Liedes zuletzt eigentlich auf der Wahrheit jenes Satzes beruht. — Im

Verlaufe des Lebens treten jene beiden Subjekte, oder, populär zu reden, Kopf und Herz, immer mehr auseinander: immer mehr sondert man seine subjektive Empfindung von seiner objektiven Erkenntnis. Im Kinde sind beide noch ganz verschmolzen: es weiß sich von seiner Umgebung kaum zu unterscheiden, es verschwimmt mit ihr. Im Jüngling wirkt alle Wahrnehmung zunächst Empfindung und Stimmung, ja vermischt sich mit dieser; wie dies B y r o n sehr schön ausdrückt:

> I live not in myself, but I become
> Portion of that around me; and to me
> High mountains are a feeling.
>
> (Nicht in mir selbst leb' ich allein; ich werde
> Ein Teil von dem, was mich umgibt, und mir
> Sind hohe Berge ein Gefühl.)

Eben daher haftet der Jüngling so sehr an der anschaulichen Außenseite der Dinge; eben daher taugt er nur zur lyrischen Poesie, und erst der Mann zur dramatischen. Den Greis kann man sich höchstens noch als Epiker denken, wie Ossian, Homer: denn Erzählen gehört zum Charakter des Greises.

In den mehr objektiven Dichtungsarten, besonders dem Roman, Epos und Drama, wird der Zweck, die Offenbarung der Idee der Menschheit, besonders durch zwei Mittel erreicht: durch richtige und tiefgefaßte Darstellung bedeutender Charaktere und durch Erfindung bedeutsamer Situationen, an denen sie sich entfalten. Denn wie dem Chemiker nicht nur obliegt, die einfachen Stoffe und ihre Hauptverbindungen rein und echt darzustellen; sondern auch, sie dem Einfluß solcher Reagenzien auszusetzen, an welchen ihre Eigentümlichkeiten deutlich und auffallend sichtbar werden; ebenso liegt dem Dichter ob, nicht nur bedeutsame Charaktere wahr und treu, wie die Natur selbst, uns vorzuführen; sondern er muß, damit sie uns kenntlich werden, sie in solche Situationen bringen, in welchen ihre Eigentümlichkeiten sich gänzlich entfalten und sie sich deutlich, in scharfen Umrissen darstellen, welche daher bedeutsame Situationen heißen. Im wirklichen Leben und in der Geschichte führt der Zufall nur selten Situationen von dieser Eigenschaft herbei, und sie stehen dort einzeln, verloren und verdeckt durch die Menge des Unbedeutsamen. Die durchgängige Bedeutsamkeit der Situationen soll den Roman, das Epos, das Drama vom wirklichen Leben unterscheiden, ebenso sehr, als die Zusammenstellung und Wahl bedeutsamer Charaktere: bei beiden ist aber die strengste Wahrheit unerläßliche Bedingung ihrer Wirkung, und Mangel an Einheit in den Charakteren, Widerspruch derselben gegen sich selbst, oder gegen das Wesen der Menschheit überhaupt, wie auch Unmöglichkeit, oder ihr nahe kommende Unwahrscheinlichkeit in den Begebenheiten, sei es auch nur in Nebenumständen, beleidigen in der Poesie ebenso sehr, wie verzeichnete Figuren, oder falsche Perspektive, oder fehlerhafte Beleuchtung in der Malerei: denn wir verlangen, dort wie hier, den treuen Spiegel des Lebens, der Menschheit, der Welt, nur verdeutlicht durch die Darstellung und bedeutsam gemacht durch die Zusammenstellung. Da der Zweck aller Künste nur einer ist, Darstellung der Ideen, und ihr wesentlicher Unterschied nur darin liegt, welche Stufe der Objektivation des Willens die darzustellende Idee ist, wonach sich wieder das Material der Darstellung bestimmt; so lassen sich auch die von einander entferntesten Künste durch Vergleichung an einander erläutern. So z. B. um die Ideen, welche sich im Wasser aussprechen, vollständig aufzufassen, ist es nicht hinreichend, es im ruhigen Teich und im ebenmäßig fließenden Strome zu sehen; sondern jene Ideen entfalten sich ganz erst dann, wann das Wasser unter allen Umständen und Hindernissen erscheint, die auf dasselbe wirkend, es zur vollen Äußerung aller seiner Eigenschaften veranlassen. Darum finden wir es schön, wenn es herabstürzt, braust, schäumt, wieder in die Höhe springt, oder wenn es fallend zerstäubt, oder endlich, künstlich gezwungen, als Strahl emporstrebt: so unter verschiedenen Umständen sich verschieden bezeigend, behauptet es aber immer getreulich seinen Charakter: es ist ihm eben so natürlich aufwärts zu spritzen, als spiegelnd zu ruhen; es ist zum einen wie zum andern gleich bereit, sobald die Umstände eintreten. Was nun der Wasserkünstler an der flüssigen Materie leistet, das leistet der Architekt an der starren, und eben dieses der epische oder dramatische Dichter an der Idee der Menschheit. Entfaltung und Verdeutlichung der im Objekt jeder Kunst sich aussprechenden Idee, des auf jeder Stufe sich objektivierenden Willens, ist der gemeinsame Zweck aller Künste. Das Leben des Menschen, wie es in der Wirklichkeit sich meistens zeigt, gleicht dem Wasser, wie es sich meistens zeigt, in Teich und Fluß: aber im Epos, Roman und Trauerspiel werden ausgewählte Charaktere in solche Umstände versetzt, an welchen sich alle ihre Eigentümlichkeiten entfalten, die Tiefen des menschlichen Gemüts sich aufschließen und in außerordentlichen und bedeutungsvollen Handlungen sichtbar werden. So objektiviert die Dichtkunst die Idee des Menschen, welcher es eigentümlich ist, sich in höchst individuellen Charakteren darzustellen.

Als der Gipfel der Dichtkunst, sowohl in Hinsicht auf die Größe der Wirkung, als auf die Schwierigkeit der Leistung, ist das Trauerspiel anzusehen und ist dafür anerkannt. Es ist für das Ganze unserer gesamten Betrachtung sehr bedeutsam und wohl zu beachten, daß der Zweck dieser höchsten poetischen Leistung die Darstellung der schrecklichen Seite des Lebens ist, daß der namenlose Schmerz, der Jammer der Menschheit, der Triumph der Bosheit, die höhnende Herrschaft des Zufalls und der rettungslose Fall der Gerechten und Unschuldigen uns hier vorgeführt werden: denn hierin liegt ein bedeutsamer Wink über die Beschaffenheit der Welt und des Daseins. Es ist der Widerstreit des Willens mit sich selbst, welcher hier, auf der höchsten Stufe seiner Objektität, am vollständigsten entfaltet, furchtbar hervortritt. Am Leiden der Menschheit wird er sichtbar, welches nun herbeigeführt wird, teils durch Zufall und Irrtum, die als Beherrscher der Welt, und durch ihre bis zum Schein der Absichtlichkeit gehende Tücke als Schicksal personifiziert, auftreten; teils geht er aus der Menschheit selbst hervor, durch die sich kreuzenden Willensbestrebungen der Individuen, durch die Bosheit und Verkehrtheit der meisten. Ein und derselbe Wille ist es, der in ihnen allen lebt und erscheint, dessen Erscheinungen aber sich selbst bekämpfen und sich selbst zerfleischen. In diesem Individuo tritt er gewaltig, in jenem schwächer hervor, hier mehr, dort minder zur Besinnung gebracht und gemildert durch das Licht der Erkenntnis, bis endlich, im einzelnen, diese Erkenntnis, geläutert und gesteigert durch das Leiden selbst, den Punkt erreicht, wo die Erscheinung, der Schleier der Maja, sie nicht mehr täuscht, die Form der Erscheinung, das principium individuationis, von ihr durchschaut wird, der auf diesem beruhende Egoismus eben damit erstirbt, wodurch nunmehr die vorhin so gewaltigen M o t i v e ihre Macht verlieren, und statt ihrer die vollkommene Erkenntnis des Wesens der Welt, als Q u i e t i v des Willens wirkend, die Resignation herbeiführt, das Aufgeben, nicht bloß des Lebens, sondern des ganzen Willens zum Leben selbst. So sehen wir im Trauerspiel zuletzt die Edelsten, nach langem Kampf und Leiden, den Zwecken, die sie bis dahin so heftig verfolgten, und allen den Genüssen des Lebens auf immer entsagen, oder es selbst willig und freudig aufgeben: so den standhaften Prinzen des Calderon; so das Gretchen im „Faust"; so den Hamlet, dem sein Horatio willig folgen möchte, welchen aber jener bleiben und noch eine Weile in dieser rauhen Welt mit Schmerzen atmen heißt, um Hamlets Schicksal aufzuklären und dessen Andenken zu reinigen; — so auch die Jungfrau von Orleans, die Braut von Messina: sie alle sterben durch Leiden geläutert, d. h. nachdem der Wille zu leben zuvor in ihnen erstorben ist; im „Mohammed" von Voltaire spricht sich dieses sogar wörtlich aus in den Schlußworten, welche die sterbende Palmira dem Mohammed zuruft: „Die Welt ist für Tyrannen: Lebe Du!" — Hingegen beruht die Forderung der sogenannten poetischen Gerechtigkeit auf gänzlichem Verkennen des Wesens des Trauerspiels, ja selbst des Wesens der Welt. Mit Dreistigkeit tritt sie in ihrer ganzen Plattheit auf in den Kritiken, welche Dr. Samuel Johnson zu den einzelnen Stücken Shakespeares geliefert hat, indem er recht naiv über die durchgängige Vernachlässigung derselben klagt; welche allerdings vorhanden ist: denn was haben die Ophelien, die Desdemonen, die Kordelien verschuldet? — Aber nur die platte, optimistische, protestantisch-rationalistische, oder eigentlich jüdische Weltansicht wird die Forderung der poetischen Gerechtigkeit machen und an deren Befriedigung ihre eigene finden. Der wahre Sinn des Trauerspiels ist die tiefere Einsicht, daß was der Held abbüßt nicht seine Partikularsünden sind, sondern die Erbsünde, d. h. die Schuld des Daseins selbst:

> Pues el delito mayor
> Del hombre es haber nacido.
> (Da die größte Schuld des Menschen
> Ist, daß er geboren ward.)

wie Calderon es geradezu ausspricht.

Die Behandlungsart des Trauerspiels näher betreffend, will ich mir nur eine Bemerkung erlauben. Darstellung eines großen Unglücks ist dem Trauerspiel allein wesentlich. Die vielen verschiedenen Wege aber, auf welchen es vom Dichter herbeigeführt wird, lassen sich unter drei Artbegriffe bringen. Es kann nämlich geschehen durch außerordentliche, an die äußersten Grenzen der Möglichkeit streifende Bosheit eines Charakters, welcher der Urheber des Unglücks wird; Beispiele dieser Art sind: Richard III., Jago im „Othello", Shylock im „Kaufmann von Venedig", Franz Moor, Phädra des Euripides, Kreon in der „Antigone" u. dgl. m. Es kann ferner geschehen durch blindes Schicksal, d. i. Zufall oder Irrtum: von dieser Art ist ein wahres Muster der König Oedipus des Sophokles, auch die Trachinerinnen, und überhaupt gehören die meisten Tragödien der Alten hieher: unter den neueren sind Beispiele: „Romeo und Julief", „Tankred" von Voltaire, „Die Braut von Messina". Das Unglück kann aber endlich auch herbeigeführt werden durch die bloße Stellung der Personen gegen einander, durch die Verhältnisse; so daß es weder eines ungeheuren Irrtums, oder eines unerhörten Zufalls, noch auch eines die Grenzen der Menschheit im Bösen erreichenden Charakters bedarf; sondern Charaktere wie sie in moralischer Hinsicht gewöhnlich sind, unter Umständen, wie sie häufig eintreten, sind so gegeneinander gestellt, daß ihre Lage sie zwingt, sich gegenseitig, wissend und sehend, das größte Unheil zu bereiten, ohne daß dabei das Unrecht auf irgend einer Seite ganz allein sei. Diese letztere Art scheint mir den beiden anderen weit vorzuziehen: denn sie zeigt uns das größte Unglück nicht als eine Ausnahme, nicht als etwas durch seltene Umstände, oder monstrose Charaktere Herbeigeführtes, sondern als etwas aus dem Tun und den Charakteren der Menschen leicht und von selbst, fast als wesentlich Hervorgehendes, und führt es eben dadurch furchtbar nahe an uns heran. Und wenn wir in den beiden anderen Arten das ungeheuere Schicksal und die entsetzliche Bosheit als schreckliche, aber nur aus großer Ferne von uns drohende Mächte erblicken, denen wir selbst wohl entgehen dürften, ohne zur Entsagung zu flüchten; so zeigt uns die letzte Gattung jene Glück und Leben zerstörenden Mächte von der Art, daß auch zu uns ihnen der Weg jeden Augenblick offen steht, und das größte

Leiden herbeigeführt durch Verflechtungen, deren Wesentliches auch unser Schicksal annehmen könnte, und durch Handlungen, die auch wir vielleicht zu begehen fähig wären und also nicht über Unrecht klagen dürften: dann fühlen wir schaudernd uns schon mitten in der Hölle. Die Ausführung in dieser letztern Art hat aber auch die größte Schwierigkeit, da man darin mit dem geringsten Aufwand von Mitteln und Bewegungsursachen, bloß durch ihre Stellung und Verteilung die größte Wirkung hervorzubringen hat: daher ist selbst in vielen der besten Trauerspiele diese Schwierigkeit umgangen. Als ein vollkommenes Muster dieser Art ist jedoch ein Stück anzuführen, welches von mehreren andern desselben großen Meisters in anderer Hinsicht weit übertroffen wird: es ist „Clavigo". „Hamlet" gehört gewissermaßen hierher, wenn man nämlich bloß auf sein Verhältnis zum Laertes und zur Ophelia sieht; auch hat „Wallenstein" diesen Vorzug; „Faust" ist ganz dieser Art, wenn man bloß die Begebenheit mit dem Gretchen und ihrem Bruder, als die Haupthandlung, betrachtet; ebenfalls der „Cid" des Corneille, nur daß diesem der tragische Ausgang fehlt, wie ihn hingegen das analoge Verhältnis des Max zur Thekla hat.

SCHRIFTEN ÜBER MUSIK

I. Abhandlungen.

1. ÄSTHETIK DER MUSIK.
(W. I. 337.)

Nachdem wir alle schönen Künste, in derjenigen Allgemeinheit, die unserm Standpunkt angemessen ist, betrachtet haben, anfangend von der schönen Baukunst, deren Zweck als solcher die Verdeutlichung der Objektivation des Willens auf der niedrigsten Stufe seiner Sichtbarkeit ist, wo er sich als dumpfes, erkenntnisloses, gesetzmäßiges Streben der Masse zeigt und doch schon Selbstentzweiung und Kampf offenbart, nämlich zwischen Schwere und Starrheit; — und unsere Betrachtung beschließend mit dem Trauerspiel, welches, auf der höchsten Stufe der Objektivation des Willens, eben jenen seinen Zwiespalt mit sich selbst, in furchtbarer Größe und Deutlichkeit uns vor die Augen bringt; so finden wir, daß dennoch eine schöne Kunst von unserer Betrachtung ausgeschlossen geblieben ist und bleiben mußte, da im systematischen Zusammenhang unserer Darstellung gar keine Stelle für sie passend war: es ist die M u s i k. Sie steht ganz abgesondert von allen andern. Wir erkennen in ihr nicht die Nachbildung, Wiederholung irgend einer Idee der Wesen in der Welt: dennoch ist sie eine so große und überaus herrliche Kunst, wirkt so mächtig auf das Innerste des Menschen, wird dort so ganz und so tief von ihm verstanden, als eine ganz allgemeine Sprache, deren Deutlichkeit sogar die der anschaulichen Welt selbst übertrifft; — daß wir gewiß mehr in ihr zu suchen haben, als ein exercitium arithmeticae occultum nescientis se numerare animi, wofür sie Leibniz ansprach*) und dennoch ganz Recht hatte, sofern er nur ihre unmittelbare und äußere Bedeutung, ihre Schale betrachtete. Wäre sie jedoch nichts weiter, so müßte die Befriedigung, welche sie gewährt, der ähnlich sein, die wir beim richtigen Aufgehen eines Rechnungsexempels empfinden, und könnte nicht jene innige Freude sein, mit der wir das tiefste Innere unseres Wesens zur Sprache gebracht sehen. Auf unserm Standpunkte daher, wo die ästhetische Wirkung unser Augenmerk ist, müssen wir ihr eine viel ernstere und tiefere, sich auf das innerste Wesen der Welt und unseres Selbst beziehende Bedeutung zuerkennen, in Hinsicht auf welche die Zahlenverhältnisse, in die sie sich auflösen läßt, sich nicht als das Bezeichnete, sondern selbst erst als das Zeichen verhalten. Daß sie zur Welt, in irgend einem Sinne, sich wie Darstellung zum Dargestellten, wie Nachbild zum Vorbilde verhalten muß, können wir aus der Analogie mit den übrigen Künsten schließen, denen allen dieser Charakter ist, und mit deren Wirkung auf uns die ihrige im Ganzen gleichartig, nur stärker, schneller, notwendiger, unfehlbarer ist. Auch muß jene ihre nachbildliche Beziehung zur Welt eine sehr innige, unendlich wahre und richtig treffende sein, weil sie von jedem augenblicklich verstanden wird und eine gewisse Unfehlbarkeit dadurch zu erkennen gibt, daß

---

*) Leibnitii epistolae, collectio Kortholti. ep. 154.

ihre Form sich auf ganz bestimmte, in Zahlen auszudrückende Regeln zurückführen läßt, von denen sie gar nicht abweichen kann, ohne gänzlich aufzuhören Musik zu sein. — Dennoch liegt der Vergleichungspunkt zwischen der Musik und der Welt, die Hinsicht, in welcher jene zu dieser im Verhältnis der Nachahmung oder Wiederholung steht, sehr tief verborgen. Man hat die Musik zu allen Zeiten geübt, ohne hierüber sich Rechenschaft geben zu können: zufrieden, sie unmittelbar zu verstehen, tut man Verzicht auf ein abstraktes Begreifen dieses unmittelbaren Verstehens selbst.

Indem ich meinen Geist dem Eindruck der Tonkunst, in ihren mannigfaltigen Formen, gänzlich hingab, und dann wieder zur Reflexion und zu dem in gegenwärtiger Schrift dargelegten Gange meiner Gedanken zurückkehrte, ward mir ein Aufschluß über ihr inneres Wesen und über die Art ihres, der Analogie nach notwendig vorauszusetzenden, nachbildlichen Verhältnisses zur Welt, welcher mir selbst zwar völlig genügend und für mein Forschen befriedigend ist, auch wohl demjenigen, der mir bisher gefolgt wäre und meiner Ansicht der Welt beigestimmt hätte, ebenso einleuchtend sein wird; welchen Aufschluß jedoch zu beweisen, ich als wesentlich unmöglich erkenne; da er ein Verhältnis der Musik, als einer Vorstellung, zu dem, was wesentlich nie Vorstellung sein kann, annimmt und festsetzt, und die Musik als Nachbild eines Vorbildes, welches selbst nie unmittelbar vorgestellt werden kann, angesehen haben will. Ich kann deshalb nichts weiter tun, als hier am Schlusse dieses der Betrachtung der Künste hauptsächlich gewidmeten dritten Buches, jenen mir genügenden Aufschluß über die wunderbare Kunst der Töne vortragen, und muß die Beistimmung, oder Verneinung meiner Ansicht der Wirkung anheimstellen, welche auf jeden Leser teils die Musik, teils der ganze und eine von mir in dieser Schrift mitgeteilte Gedanke hat. Überdies halte ich es, um der hier zu gebenden Darstellung der Bedeutung der Musik mit echter Überzeugung seinen Beifall geben zu können, für notwendig, daß man oft mit anhaltender Reflexion auf dieselbe der Musik zuhöre, und hiezu wieder ist erforderlich, daß man mit dem ganzen von mir dargestellten Gedanken schon sehr vertraut sei.

Die adäquate Objektivation des Willens sind die (Platonischen) Ideen; die Erkenntnis dieser durch Darstellung einzelner Dinge (denn solche sind die Kunstwerke selbst doch immer) anzuregen (welches nur unter einer diesem entsprechenden Veränderung im erkennenden Subjekt möglich ist), ist der Zweck aller andern Künste. Sie alle objektivieren also den Willen nur mittelbar, nämlich mittelst der Ideen: und da unsere Welt nichts anderes ist, als die Erscheinung der Ideen in der Vielheit, mittelst Eingang in das principium individuationis (die Form der dem Individuo als solchem möglichen Erkenntnis); so ist die Musik, da sie die Ideen übergeht, auch von der erscheinenden Welt ganz unabhängig, ignoriert sie schlechthin, könnte gewissermaßen, auch wenn die Welt gar nicht wäre, doch bestehen: was von den andern Künsten sich nicht sagen läßt. Die Musik ist nämlich eine so u n m i t t e l b a r e Objektivation und Abbild des ganzen W i l l e n s, wie die Welt selbst es ist, ja wie die Ideen es sind, deren vervielfältigte Erscheinung die Welt der einzelnen Dinge ausmacht. Die Musik ist also keineswegs, gleich den anderen Künsten, das Abbild der Ideen; sondern A b b i l d d e s W i l l e n s s e l b s t, dessen Objektität auch die Ideen sind: deshalb eben ist die Wirkung der Musik so sehr viel mächtiger und eindringlicher, als die der anderen Künste: denn diese reden nur vom Schatten, sie aber vom Wesen. Da es inzwischen derselbe Wille ist, der sich sowohl in den Ideen, als in der Musik, nur in jedem von beiden auf ganz verschiedene Weise, objektiviert; so muß, zwar durchaus keine unmittelbare Ähnlichkeit, aber doch ein Parallelismus, eine Analogie sein zwischen der Musik und zwischen den Ideen, deren Erscheinung in der Vielheit und Unvollkommenheit die sichtbare Welt ist. Die Nachweisung dieser Analogie wird als Erläuterung das Verständnis dieser durch die Dunkelheit des Gegenstandes schwierigen Erklärung erleichtern.

Ich erkenne in den tiefsten Tönen der Harmonie, im Grundbaß, die niedrigsten Stufen der Objektivationen des Willens wieder, die unorganische Natur, die Masse des Planeten. Alle die hohen Töne, leicht beweglich und schneller verklingend, sind bekanntlich anzusehen als entstanden durch die Nebenschwingungen des tiefen Grundtones, bei dessen Anklang sie immer zugleich leise miterklingen, und es ist Gesetz der Harmonie, daß auf eine Baßnote nur diejenigen hohen Töne treffen dürfen, die wirklich schon von selbst mit ihr zugleich ertönen (ihre sons harmoniques) durch die Nebenschwingungen. Dieses ist nun dem analog, daß die gesamten Körper und Organisationen der Natur angesehen werden müssen als entstanden durch die stufenweise Entwicklung aus der Masse des Planeten: diese ist, wie ihr Träger, so ihre Quelle: und dasselbe Verhältnis haben die höhern Töne zum Grundbaß. — Die Tiefe hat eine Grenze, über welche hinaus kein Ton mehr hörbar ist: dies entspricht dem, daß keine Materie ohne Form und Qualität wahrnehmbar ist, d. h. ohne Äußerung einer nicht weiter erklärbaren Kraft, in der eben sich eine Idee ausspricht, und allgemeiner, daß keine Materie ganz willenlos sein kann: also wie vom Ton als solchem ein gewisser Grad der Höhe unzertrennlich ist, so von der Materie ein gewisser Grad der Willensäußerung. — Der Grundbaß ist uns also in der Harmonie, was in der Welt die unorganische Natur, die roheste Masse, auf der alles ruht und aus der sich alles erhebt und entwickelt. — Nun ferner in den gesamten die Harmonie hervorbringenden Ripienstimmen, zwischen dem Basse und der leitenden, die Melodie singenden Stimme, erkenne ich die gesamte Stufenfolge der Ideen wieder, in denen der Wille sich objektiviert. Die dem Baß näherstehenden sind die niedrigeren jener Stufen, die noch unorganischen, aber schon mehrfach sich äußernden Körper: die höher liegenden repräsentieren mir die Pflanzen- und die Tierwelt. — Die bestimmten Intervalle der Tonleiter sind parallel den bestimmten Stufen der Objektivation des Willens, den bestimmten Spezies in der Natur. Das Abweichen von der arithmetischen Richtigkeit der Intervalle, durch irgend eine Temperatur, oder herbeigeführt durch die gewählte Tonart, ist analog dem Abweichen des Individuums vom Typus der Spezies: ja die unreinen Mißtöne, die kein bestimmtes Intervall geben, lassen sich den monstrosen Mißgeburten zwischen zwei Tierspezies, oder zwischen Mensch und Tier, vergleichen. — Allen diesen Baß- und Ripienstimmen, welche die Harmonie ausmachen, fehlt nun aber jener Zusammenhang in der Fortschreitung, den allein die obere, die Melodie singende Stimme hat, welche auch allein sich schnell und leicht in Modulationen und Läufen bewegt, während jene alle nur eine langsamere Bewegung, ohne einen in jeder für sich bestehenden Zusammenhang, haben. Am schwerfälligsten bewegt sich der tiefe Baß, der Repräsentant der rohesten Masse: sein Steigen und Fallen geschieht nur in großen Stufen, in Terzen, Quarten, Quinten, nie um einen Ton; er wäre denn ein, durch doppelten Kontrapunkt, versetzter Baß. Diese langsame Bewegung ist ihm auch physisch wesentlich: ein schneller Lauf oder Triller in der Tiefe läßt sich nicht einmal imaginieren. Schneller, jedoch noch ohne melodischen Zusammenhang und sinnvolle Fortschreitung, bewegen sich die höhern Ripienstimmen, welche der Tierwelt parallel laufen. Der unzusammenhängende Gang und die gesetzmäßige Bestimmung aller Ripienstimmen ist dem analog, daß in der ganzen unvernünftigen Welt, vom Kristall bis zum vollkommensten Tier, kein Wesen ein eigentlich zusammenhängendes Bewußtsein hat, welches sein Leben zu einem sinnvollen Ganzen machte, auch keines eine Sukzession geistiger Entwickelungen erfährt, keines durch Bildung sich vervollkommnet, sondern alles gleichmäßig zu jeder Zeit dasteht, wie es seiner Art nach ist, durch festes Gesetz bestimmt. — Endlich in der Melodie, in der hohen, singenden, das Ganze leitenden und mit ungebundener Willkür in ununterbrochenem, bedeutungsvollem Zusammenhange eines Gedankens vom Anfang bis zum Ende fortschreitenden, ein Ganzes darstellenden Hauptstimme, erkenne ich die höchste Stufe der Objektivation des Willens wieder, das besonnene Leben und Streben des Menschen. Wie er allein, weil er vernunftbegabt ist, stets vor- und rückwärts sieht, auf den Weg seiner Wirklichkeit und der unzähligen Möglichkeiten, und so einen besonnenen und dadurch als Ganzes zusammenhängenden Lebenslauf vollbringt: — dem also entsprechend, hat die M e l o d i e allein bedeutungsvollen, absichtsvollen Zusammenhang vom Anfang bis zum Ende. Sie erzählt folglich die Geschichte des von der Besonnenheit beleuchteten Willens, dessen Abdruck in der Wirklichkeit die Reihe seiner Taten ist; aber sie sagt mehr, sie erzählt seine geheimste Geschichte, malt jede Regung, jedes Streben, jede Bewegung des Willens, alles das, was die Vernunft unter den weiten und negativen Begriff Gefühl zusammenfaßt und nicht weiter in ihre Abstraktionen aufnehmen kann. Daher auch hat es immer geheißen, die Musik sei die Sprache des Gefühls und der Leidenschaft, so wie Worte die Sprache der Vernunft: schon Platon erklärt sie als $\tilde{\eta}$ $\tau\omega\nu$ $\mu\epsilon\lambda\omega\nu$ $\varkappa\iota\nu\mu\sigma\iota\varsigma$ $\mu\epsilon\mu\iota\mu\eta\mu\epsilon\nu\eta$, $\epsilon\nu$ $\tau o\iota\varsigma$ $\pi\alpha\vartheta\eta\mu\alpha\sigma\iota\nu$ $\dot{o}\tau\alpha\nu$ $\psi\nu\chi\eta$ $\gamma\iota\nu\eta\tau\alpha\iota$ (melodiarum motus, animi affectus imitans), De leg. VII, und auch Aristoteles sagt: $\delta\iota\alpha$ $\tau\iota$ $o\dot{\iota}$ $\varrho\nu\vartheta\mu o\iota$ $\varkappa\alpha\iota$ $\tau\alpha$ $\mu\epsilon\lambda\eta$, $\varphi\omega\nu\eta$ $o\nu\sigma\alpha$, $\eta\vartheta\epsilon\sigma\iota\nu$ $\epsilon o\iota\varkappa\epsilon$; (cur numeri musici et modi, qui voces sunt, moribus similes sese exhibent?), Probl. c. 19.

Wie nun das Wesen des Menschen darin besteht, daß sein Wille strebt, befriedigt wird und von neuem strebt, und so immerfort, ja, sein Glück und Wohlsein nur dieses ist, daß jener Übergang vom Wunsch zur Befriedigung und von dieser zum neuen Wunsch rasch vorwärts geht, da das Ausbleiben der Befriedigung Leiden, das des neuen Wunsches leeres Sehnen, languor, Langeweile ist; so ist, dem entsprechend, das Wesen der Melodie ein stetes Abweichen, Abirren vom Grundton, auf tausend Wegen, nicht nur zu den harmonischen Stufen, zur Terz und Dominante, sondern zu jedem Ton, zur dissonanten Septime und zu den übermäßigen Stufen, aber immer folgt ein endliches Zurückkehren zum Grundton: auf allen jenen Wegen drückt die Melodie das vielgestaltete Streben des Willens aus, aber immer auch, durch das endliche Wiederfinden einer harmonischen Stufe, und noch mehr des Grundtones, die Befriedigung. Die Erfindung der Melodie, die Aufdeckung aller tiefsten Geheimnisse des menschlichen Wollens und Empfindens in ihr, ist das Werk des Genius, dessen Wirken hier augenscheinlicher, als irgendwo, fern von aller Reflexion und bewußter Absichtlichkeit liegt und eine Inspiration heißen könnte. Der Begriff ist hier, wie überall in der Kunst, unfruchtbar: der Komponist offenbart das innerste Wesen der Welt und spricht die tiefste Weisheit aus, in einer Sprache, die seine Vernunft nicht versteht; wie eine magnetische Somnambule Aufschlüsse gibt über Dinge, von denen sie wachend keinen Begriff hat. Daher ist in einem Komponisten, mehr als in irgend einem andern Künstler, der Mensch vom Künstler ganz getrennt und unterschieden. Sogar bei der Erklärung dieser wunderbaren Kunst zeigt der Begriff seine Dürftigkeit und seine Schranken: ich will indessen unsere Analogie durchzuführen suchen. — Wie nun schneller Übergang vom Wunsch zur Befriedigung und von dieser zum neuen Wunsch, Glück und Wohlsein ist, so sind rasche Melodien, ohne große Abirrungen, fröhlich; langsame, auf schmerzliche Dissonanzen geratende und erst durch viele Takte sich wieder zum Grundton zurückwindende sind, als analog der verzögerten, erschwerten Befriedigung, traurig. Die Verzögerung der neuen Willensregung, der languor, würde keinen andern Ausdruck haben können, als den angehaltenen Grundton, dessen Wirkung bald unerträglich wäre: diesem nähern sich schon sehr monotone, nichtssagende Melodien. Die kurzen, faßlichen Sätze rascher Tanzmusik scheinen nur vom leicht zu erreichenden, gemeinen Glück zu reden; dagegen das Allegro maestoso, in großen Sätzen, langen Gängen, weiten Abirrungen, ein größeres, edleres Streben, nach einem fernen Ziel, und dessen endliche Erreichung bezeichnet. Das Adagio spricht vom Leiden eines großen und edlen Strebens, welches alles kleinliche Glück verschmäht. Aber wie wundervoll ist die Wirkung von Moll und Dur! Wie erstaunlich, daß der Wechsel eines halben Tones, der Eintritt der kleinen Terz, statt der großen, uns sogleich und unausbleiblich ein banges, peinliches Gefühl aufdringt, von welchem uns das Dur wieder ebenso augenblicklich erlöst. Das Adagio erlangt im Moll den Ausdruck des höchsten Schmerzes, wird zur erschütterndesten Wehklage. Tanzmusik in Moll scheint das Verfehlen des kleinlichen Glückes, das man lieber verschmähen sollte, zu bezeichnen, scheint vom Erreichen eines niedrigen Zweckes unter Mühseligkeiten und Plackereien zu reden. — Die Unerschöpflichkeit möglicher Melodien entspricht der Unerschöpflichkeit der Natur an Verschiedenheit der Individuen, Physiognomien und Lebensläufen. Der Übergang aus einer Tonart in eine ganz andere, da er den Zusammenhang mit dem Vorhergegangenen ganz aufhebt, gleicht dem Tode, sofern in ihm das Individuum endet; aber der Wille, der in diesem erschien, nach wie vor lebt, in andern Individuen erscheinend, deren Bewußtsein jedoch mit dem des erstern keinen Zusammenhang hat.

Man darf jedoch bei der Nachweisung aller dieser vorgeführten Analogien nie vergessen, daß die Musik zu ihnen kein direktes, sondern nur ein mittelbares Verhältnis hat; da sie nie die Erscheinung, sondern allein das innere Wesen, das Ansich aller Erscheinung, den Willen selbst, ausspricht. Sie drückt daher nicht diese oder jene einzelne und bestimmte Freude, diese oder jene Betrübnis, oder Schmerz, oder Entsetzen, oder Jubel, oder Lustigkeit, oder Gemütsruhe aus; sondern d i e Freude, d i e Betrübnis, d e n Schmerz, d a s Entsetzen, d e n Jubel, d i e Lustigkeit, d i e Gemütsruhe s e l b s t, gewissermaßen in abstracto, das Wesentliche derselben, ohne alles Beiwerk, also auch ohne die Motive dazu. Dennoch verstehen wir sie, in dieser abgezogenen Quintessenz, vollkommen. Hieraus entspringt es, daß unsere Phantasie so leicht durch sie erregt wird und nun versucht, jene ganz unmittelbar zu uns redende, unsichtbare und doch so lebhaft bewegte Geisterwelt zu gestalten und sie mit Fleisch und Bein zu bekleiden, also dieselbe in einem analogen Beispiel zu verkörpern. Dies ist der Ursprung des Gesanges mit Worten und endlich der Oper, — deren Text eben deshalb diese untergeordnete Stellung nie verlassen sollte, um sich zur Hauptsache und die Musik zum bloßen Mittel ihres Ausdrucks zu machen, als welches ein großer Mißgriff und eine arge Verkehrtheit ist. Denn überall drückt die Musik nur die

Quintessenz des Lebens und seiner Vorgänge aus, nie diese selbst, deren Unterschiede daher auf jene nicht allemal einfließen. Gerade diese ihr ausschließlich eigene Allgemeinheit, bei genauester Bestimmtheit, gibt ihr den hohen Wert, welchen sie als Panakeion aller unserer Leiden hat. Wenn also die Musik zu sehr sich den Worten anzuschließen und nach den Begebenheiten zu modeln sucht, so ist sie bemüht, eine Sprache zu reden, welche nicht die ihrige ist. Von diesem Fehler hat keiner sich so rein gehalten, wie R o s s i n i : daher spricht seine Musik so deutlich und rein ihre e i g e n e Sprache, daß sie der Worte gar nicht bedarf und daher auch mit bloßen Instrumenten ausgeführt ihre volle Wirkung tut.

Diesem allen zufolge können wir die erscheinende Welt, oder die Natur, und die Musik als zwei verschiedene Ausdrücke derselben Sache ansehen, welche selbst daher das allein Vermittelnde der Analogie beider ist, dessen Erkenntnis erfordert wird, um jene Analogie einzusehen. Die Musik ist demnach, wenn als Ausdruck der Welt angesehen, eine im höchsten Grad allgemeine Sprache, die sich sogar zur Allgemeinheit der Begriffe ungefähr verhält wie diese zu den einzelnen Dingen. Ihre Allgemeinheit ist aber keineswegs jene leere Allgemeinheit der Abstraktion, sondern ganz anderer Art, und ist verbunden mit durchgängiger deutlicher Bestimmtheit. Sie gleicht hierin den geometrischen Figuren und den Zahlen, welche als die allgemeinen Formen aller möglichen Objekte der Erfahrung und auf alle a priori anwendbar, doch nicht abstrakt, sondern anschaulich und durchgängig bestimmt sind. Alle möglichen Bestrebungen, Erregungen und Äußerungen des Willens, alle jene Vorgänge im Innern des Menschen, welche die Vernunft in den weiten negativen Begriff Gefühl wirft, sind durch die unendlich vielen möglichen Melodien auszudrücken, aber immer in der Allgemeinheit bloßer Form, ohne den Stoff, immer nur nach dem Ansich, nicht nach der Erscheinung, gleichsam die innerste Seele derselben, ohne Körper. Aus diesem innigen Verhältnis, welches die Musik zum wahren Wesen aller Dinge hat, ist auch dies zu erklären, daß wenn zu irgend einer Szene, Handlung, Vorgang, Umgebung, eine passende Musik ertönt, diese uns den geheimsten Sinn derselben aufzuschließen scheint und als der richtigste und deutlichste Kommentar dazu auftritt; imgleichen, daß es dem, der sich dem Eindruck einer Symphonie ganz hingibt, ist, als sehe er alle möglichen Vorgänge des Lebens und der Welt an sich vorüberziehen: dennoch kann er, wenn er sich besinnt, keine Ähnlichkeit angeben zwischen jenem Tonspiel und den Dingen, die ihm vorschwebten. Denn die Musik ist, wie gesagt, darin von allen anderen Künsten verschieden, daß sie nicht Abbild der Erscheinung, oder richtiger, der adäquaten Objektität des Willens, sondern unmittelbar Abbild des Willens selbst ist und also zu allem Physischen der Welt das Metaphysische, zu aller Erscheinung das Ding an sich darstellt. Man könnte demnach die Welt ebenso wohl verkörperte Musik, als verkörperten Willen nennen: daraus also ist es erklärlich, warum Musik jedes Gemälde, ja jede Szene des wirklichen Lebens und der Welt, sogleich in erhöhter Bedeutsamkeit hervortreten läßt; freilich umso mehr, je analoger ihre Melodie dem innern Geiste der gegebenen Erscheinung ist. Hierauf beruht es, daß man ein Gedicht als Gesang, oder eine anschauliche Darstellung als Pantomime, oder beides als Oper der Musik unterlegen kann. Solche einzelne Bilder des Menschenlebens, der allgemeinen Sprache der Musik untergelegt, sind nie mit durchgängiger Notwendigkeit ihr verbunden, oder entsprechend; sondern sie stehen zu ihr nur im Verhältnis eines beliebigen Beispiels zu einem allgemeinen Begriff: sie stellen in der Bestimmtheit der Wirklichkeit dasjenige dar, was die Musik in der Allgemeinheit bloßer Form aussagt. Denn die Melodien sind gewissermaßen, gleich den allgemeinen Begriffen, ein Abstraktum der Wirklichkeit. Diese nämlich, also die Welt der einzelnen Dinge, liefert das Anschauliche, das Besondere und Individuelle, den einzelnen Fall, sowohl zur Allgemeinheit der Begriffe, als zur Allgemeinheit der Melodien, welche beide Allgemeinheiten einander aber in gewisser Hinsicht entgegengesetzt sind; indem die Begriffe nur die allererst aus der Anschauung abstrahierten Formen, gleichsam die abgezogene äußere Schale der Dinge enthalten, also ganz eigentlich Abstrakta sind; die Musik hingegen den innersten aller Gestaltung vorhergängigen Kern, oder das Herz der Dinge gibt. Dies Verhältnis ließe sich recht gut in der Sprache der Scholastiker ausdrücken, indem man sagte: die Begriffe sind die universalia post rem, die Musik aber gibt die universalia ante rem, und die Wirklichkeit die universalia in re. Dem allgemeinen Sinn der einer Dichtung beigegebenen Melodie könnten noch andere, ebenso beliebig gewählte Beispiele des in ihr ausgedrückten Allgemeinen in gleichem Grade entsprechen: daher paßt dieselbe Komposition zu vielen Strophen, daher auch das Vaudeville. Daß aber überhaupt eine Beziehung zwischen einer Komposition und einer anschaulichen Darstellung möglich ist, beruht, wie gesagt, darauf, daß beide nur ganz verschiedene Ausdrücke desselben innern Wesens der Welt sind. Wann nun im einzelnen Fall eine solche Beziehung wirklich vorhanden ist, also der Komponist die Willensregungen, welche den Kern einer Begebenheit ausmachen, in der allgemeinen Sprache der Musik auszusprechen gewußt hat: dann ist die Melodie des Liedes, die Musik der Oper ausdrucksvoll. Die vom Komponisten aufgefundene Analogie zwischen jenen beiden muß aber aus der unmittelbaren Erkenntnis des Wesens der Welt, seiner Vernunft unbewußt, hervorgegangen und darf nicht, mit bewußter Absichtlichkeit, durch Begriffe vermittelte Nachahmung sein: sonst spricht die Musik nicht das innere Wesen, den Willen selbst aus; sondern ahmt nur seine Erscheinung ungenügend nach; wie dies alle eigentlich nachbildende Musik tut, z. B. „Die Jahreszeiten" von Haydn, auch seine Schöpfung in vielen Stellen, wo Erscheinungen der anschaulichen Welt unmittelbar nachgeahmt sind; so auch in allen Bataillenstücken: welches gänzlich zu verwerfen ist.

Das unaussprechlich Innige aller Musik, vermöge dessen sie als ein so ganz vertrautes und doch ewig fernes Paradies an uns vorüberzieht, so ganz verständlich und doch so unerklärlich ist, beruht darauf, daß sie alle Regungen unseres innersten Wesens wiedergibt, aber ganz ohne die Wirklichkeit und fern von ihrer Qual. Imgleichen ist der ihr wesentliche Ernst, welcher das Lächerliche aus ihrem unmittelbar eigenen Gebiet ganz ausschließt, daraus zu erklären, daß ihr Objekt nicht die Vorstellung ist, in Hinsicht auf welche Täuschung und Lächerlichkeit allein möglich sind; sondern ihr Objekt unmittelbar der Wille ist und dieser wesentlich das Allerernsteste, als wovon alles abhängt. — Wie inhaltsreich und bedeutungsvoll ihre Sprache sei, bezeugen sogar die Repetitionszeichen, nebst dem Da capo, als welche bei Werken in der Wortsprache unerträglich wären, bei jener hingegen sehr zweckmäßig und wohltuend sind; denn um es ganz zu fassen, muß man es zwei Mal hören.

Wenn ich nun in dieser ganzen Darstellung der Musik bemüht gewesen bin, deutlich zu machen, daß sie in einer höchst allgemeinen Sprache das innere Wesen, das Ansich der Welt, welches wir, nach seiner deutlichsten Äußerung, unter dem Begriff Willen denken, ausspricht, in einem einartigen Stoff, nämlich bloßen Tönen, und mit der größten Bestimmtheit und Wahrheit; wenn ferner, meiner Ansicht und Bestrebung nach, die Philosophie nichts anderes ist, als eine vollständige und richtige Wiederholung und Aussprechung des Wesens der Welt, in sehr allgemeinen Begriffen, da nur in solchen eine überall ausreichende und anwendbare Übersicht jenes ganzen Wesens möglich ist; so wird wer mir gefolgt und in meine Denkungsart eingegangen ist, es nicht so sehr paradox finden, wenn ich sage, daß gesetzt es gelänge eine vollkommen richtige, vollständige und in das Einzelne gehende Erklärung der Musik, also eine ausführliche Wiederholung dessen, was sie ausdrückt, in Begriffen zu geben, diese sofort auch eine genügende Wiederholung und Erklärung der Welt in Begriffen, oder einer solchen ganz gleichlautend, also die wahre Philosophie sein würde, und daß wir folglich den oben angeführten Ausspruch Leibnizens, der auf einem niedrigeren Standpunkt ganz richtig ist, im Sinn unserer höheren Ansicht der Musik folgendermaßen parodieren können: Musica est exercitium metaphysices occultum nescientis se philosophari animi. Denn scire, wissen, heißt überall in abstrakte Begriffe abgesetzt haben. Da nun aber ferner, vermöge der vielfältig bestätigten Wahrheit des Leibnizischen Ausspruchs, die Musik, abgesehen von ihrer ästhetischen oder innern Bedeutung, und bloß äußerlich und rein empirisch betrachtet, nichts anderes ist, als das Mittel, größere Zahlen und zusammengesetztere Zahlenverhältnisse, die wir sonst nur mittelbar, durch Auffassung in Begriffen, erkennen können, unmittelbar und in concreto aufzufassen: so können wir nun durch Vereinigung jener beiden so verschiedenen und doch richtigen Ansichten der Musik, uns einen Begriff von der Möglichkeit einer Zahlenphilosophie machen, dergleichen die des Pythagoras und auch die der Chinesen im Y-king war, und sodann nach diesem Sinn jenen Spruch der Pythagoreer deuten, welchen Sextus Empirikus (adv. Math., L. VII) anführt: τῳ αριϑμῳ δε τα παντ' επεοικεν (numero cuncta assimilantur). Und wenn wir endlich diese Ansicht an unsere obige Deutung der Harmonie und Melodie bringen, so werden wir eine bloße Moralphilosophie ohne Erklärung der Natur, wie sie Sokrates einführen wollte, einer Melodie ohne Harmonie, welche Rousseau ausschließlich wollte, ganz analog finden, und im Gegensatz hievon wird eine bloße Physik und Methaphysik ohne Ethik einer bloßen Harmonie ohne Melodie entsprechen. — An diese beiläufigen Betrachlungen sei es mir vergönnt, noch einige die Analogie der Musik mit der erscheinenden Welt betreffende Bemerkungen zu knüpfen. Wir fanden im vorigen Buche, daß die höchste Stufe der Objektivation des Willens, der Mensch, nicht allein und abgerissen erscheinen konnte, sondern die unter ihm stehenden Stufen und diese immer wieder die tieferen voraussetzten: ebenso nun ist die Musik, welche, eben wie die Welt, den Willen unmittelbar objektiviert, erst vollkommen in der vollständigen Harmonie. Die hohe leitende Stimme der Melodie bedarf, um ihren ganzen Eindruck zu machen, der Begleitung aller anderen Stimmen, bis zum tiefsten Baß, welcher als der Ursprung aller anzusehen ist: die Melodie greift selbst als integrierender Teil in die Harmonie ein, wie auch diese in jene: und wie nur so, im vollstimmigen Ganzen, die Musik ausspricht, was sie auszusprechen bezweckt, so findet der eine und außerzeitliche Wille seine vollkommene Objektivation nur in der vollständigen Vereinigung aller der Stufen, welche in unzähligen Graden gesteigerter Deutlichkeit sein Wesen offenbaren. — Sehr merkwürdig ist noch folgende Analogie. Wir haben im vorigen Buche gesehen, daß, ungeachtet des Sichanpassens aller Willenserscheinungen zu einander, in Hinsicht auf die Arten, welches die teleologische Betrachtung veranlaßt, dennoch ein nicht aufzuhebender Widerstreit zwischen jenen Erscheinungen als Individuen bleibt, auf allen Stufen derselben sichtbar ist und die Welt zu einem beständigen Kampfplatz aller jener Erscheinungen des einen und selben Willens macht, dessen innerer Widerspruch mit sich selbst dadurch sichtbar wird. Auch diesem sogar ist etwas Entsprechendes in der Musik. Nämlich ein vollkommen reines harmonisches System der Töne ist nicht nur physisch, sondern sogar schon arithmetisch unmöglich. Die Zahlen selbst, durch welche die Töne sich ausdrücken lassen, haben unauflösbare Irrationalitäten: keine Skala läßt sich auch nur ausrechnen, innerhalb welcher jede Quint sich zum Grundton verhielte wie 2 zu 3, jede große Terz wie 4 zu 5, jede kleine Terz wie 5 zu 6 usw. Denn, sind die Töne zum Grundton richtig, so sind sie es nicht mehr zu einander; indem ja z. B. die Quint die kleine Terz der Terz sein müßte usw.: denn die Töne der Skala sind Schauspielern zu vergleichen, welche bald diese, bald jene Rolle zu spielen haben. Daher also läßt eine vollkommen richtige Musik sich nicht einmal denken, geschweige ausführen; und dieserhalb weicht jede mögliche Musik von der vollkommenen Reinheit ab: sie kann bloß die ihr wesentlichen Dissonanzen, durch Verteilung derselben an alle Töne, d. i. durch Temperatur, verstecken. Man sehe hierüber Chladni's „Akustik", § 30, und dessen „Kurze Übersicht der Schall- und Klanglehre", S. 12.*)

Ich hätte noch manches hinzuzufügen über die Art, wie Musik perzipiert wird, nämlich einzig und allein in und durch die Zeit, mit gänzlicher Ausschließung des Raumes, auch ohne Einfluß der Erkenntnis der Kausalität, also des Verstandes: denn die Töne machen schon als Wirkung und ohne daß wir auf ihre Ursache, wie bei der Anschauung, zurückgingen, den ästhetischen Eindruck. — Ich will indessen diese Betrachtungen nicht noch mehr verlängern, da ich vielleicht schon so in diesem dritten Buche

---

*) Hiezu die folgende Abhandlung.

manchem zu ausführlich gewesen bin, oder mich zu sehr auf das Einzelne eingelassen habe. Mein Zweck machte es jedoch nötig, und man wird es um so weniger mißbilligen, wenn man die selten genugsam erkannte Wichtigkeit und den hohen Wert der Kunst sich vergegenwärtigt, erwägend, daß wenn, nach unserer Ansicht, die gesamte sichtbare Welt nur die Objektivation, der Spiegel des Willens ist, zu seiner Selbsterkenntnis, ja, wie wir bald sehen werden, zur Möglichkeit seiner Erlösung, ihn begleitend; und zugleich, daß die Welt als Vorstellung, wenn man sie abgesondert betrachtet, indem man vom Wollen losgerissen, nur sie allein das Bewußtsein einnehmen läßt, die erfreulichste und die allein unschuldige Seite des Lebens ist; — wir die Kunst als die höhere Steigerung, die vollkommenere Entwickelung von allen diesem anzusehen haben, da sie wesentlich eben dasselbe, nur konzentrierter, vollendeter, mit Absicht und Besonnenheit, leistet, was die sichtbare Welt selbst, und sie daher, im vollen Sinne des Wortes, die Blüte des Lebens genannt werden mag. Ist die ganze Welt als Vorstellung nur die Sichtbarkeit des Willens, so ist die Kunst die Verdeutlichung dieser Sichtbarkeit, die Camera obscura, welche die Gegenstände reiner zeigt und besser übersehen läßt, das Schauspiel im Schauspiel, die Bühne auf der Bühne im „Hamlet".

Der Genuß alles Schönen, der Trost, den die Kunst gewährt, der Enthusiasmus des Künstlers, welcher ihn die Mühen des Lebens vergessen läßt, dieser eine Vorzug des Genius vor den anderen, der ihn für das mit der

Klarheit des Bewußtseins in gleichem Maße gesteigerte Leiden und für die öde Einsamkeit unter einem heterogenen Geschlechte allein entschädigt, — dieses alles beruht darauf, daß, wie sich uns weiterhin zeigen wird, das Ansich des Lebens, der Wille, das Dasein selbst, ein stetes Leiden und teils jämmerlich, teils schrecklich ist; dasselbe hingegen als Vorstellung allein, rein angeschaut, oder durch die Kunst wiederholt, frei von Qual, ein bedeutsames Schauspiel gewährt. Diese rein erkennbare Seite der Welt und die Wiederholung derselben in irgend einer Kunst ist das Element des Künstlers. Ihn fesselt die Betrachtung des Schauspiels der Objektivation des Willens: bei demselben bleibt er stehen, wird nicht müde es zu betrachten und darstellend zu wiederholen, und trägt derweilen selbst die Kosten der Aufführung jenes Schauspiels, d. h. ist ja selbst der Wille, der sich also objektiviert und in stetem Leiden bleibt. Jene reine, wahre und tiefe Erkenntnis des Wesens der Welt wird ihm nun Zweck an sich: er bleibt bei ihr stehen. Daher wird sie ihm nicht, wie wir es im folgenden Buche bei dem zur Resignation gelangten Heiligen sehen werden, Quietiv des Willens, erlöst ihn nicht auf immer, sondern nur auf Augenblicke vom Leben, und ist ihm so noch nicht der Weg aus demselben, sondern nur einstweilen ein Trost in demselben; bis seine dadurch gesteigerte Kraft, endlich des Spieles müde, den Ernst ergreift. Als Sinnbild dieses Übergangs kann man die heilige Cäcilie von Raphael betrachten. Zum Ernst also wollen nun auch wir uns im folgenden Buche wenden.

2. ZUR METAPHYSIK DER MUSIK.
(W. II. 524.)

Aus meiner (vorstehend) gegebenen und dem Leser hier gegenwärtigen Darlegung der eigentlichen Bedeutung dieser wunderbaren Kunst hatte sich ergeben, daß zwischen ihren Leistungen und der Welt als Vorstellung, d. i. der Natur, zwar keine Ähnlichkeit, aber ein deutlicher P a r a l l e l i s m u s stattfinden müsse, welcher sodann auch nachgewiesen wurde. Einige beachtenswerte nähere Bestimmungen desselben habe ich noch hinzuzufügen. — Die vier Stimmen aller Harmonie, also Baß, Tenor, Alt und Sopran, oder Grundton, Terz, Quinte und Oktave, entsprechen den vier Abstufungen in der Reihe der Wesen, also dem Mineralreich, Pflanzenreich, Tierreich und dem Menschen. Dies erhält noch eine auffallende Bestätigung an der musikalischen Grundregel, daß der Baß in viel weiterem Abstande unter den drei obern Stimmen bleiben soll, als diese zwischen einander haben; so daß er sich denselben nie mehr, als höchstens bis auf eine Oktave nähern darf, meistens aber noch weiter darunter bleibt, wonach dann der regelrechte Dreiklang seine Stelle in der dritten Oktave vom Grundton hat. Dem entsprechend ist die Wirkung der w e i t e n Harmonie, wo der Baß fern bleibt, viel mächtiger und schöner, als die der engen, wo er näher heraufgerückt ist, und die nur wegen des beschränkten Umfangs der Instrumente eingeführt wird. Diese ganze Regel aber ist keineswegs willkürlich, sondern hat ihre Wurzel in dem natürlichen Ursprung des Tonsystems; sofern nämlich die nächsten, mittelst der Nebenschwingungen mittönenden, harmonischen Stufen die Oktave und deren Quinte sind. In dieser Regel nun erkennen wir das musikalische Analogon der Grundbeschaffenheit der Natur, vermöge welcher die organischen Wesen unter einander viel näher verwandt sind, als mit der leblosen, unorganischen Masse des Mineralreichs, zwischen welcher und ihnen die entschiedenste Grenze und die weiteste Kluft in der ganzen Natur stattfindet. — Daß die hohe Stimme, welche die Melodie singt, doch zugleich integrierender Teil der Harmonie ist und darin selbst mit dem tiefsten Grundbaß zusammenhängt, läßt sich betrachten als das Analogon davon, daß d i e s e l b e Materie, welche in einem menschlichen Organismus Träger der Idee des Menschen ist, dabei doch zugleich auch die Ideen der Schwere und der chemischen Eigenschaften, also der niedrigsten Stufen der Objektivation des Willens, darstellen und tragen muß.

Weil die Musik nicht, gleich allen andern Künsten, die Ideen, oder Stufen der Objektivation des Willens, sondern unmittelbar den W i l l e n s e l b s t darstellt; so ist hieraus auch erklärlich, daß sie auf den Willen, d. i. die Gefühle, Leidenschaften und Affekte des Hörers, unmittelbar einwirkt, so daß sie dieselben schnell erhöht, oder auch umstimmt.

So gewiß die Musik, weit entfernt eine bloße Nachhilfe der Poesie zu sein, eine selbständige Kunst, ja die mächtigste unter allen ist und daher ihre Zwecke ganz aus eigenen Mitteln erreicht; so gewiß bedarf sie nicht der Worte des Gesanges, oder der Handlung einer Oper. Die Musik als solche kennt allein die Töne, nicht aber die Ursachen, welche diese hervorbringen. Demnach ist für sie auch die vox humana ursprünglich und wesentlich nichts anderes, als ein modifizierter Ton, eben wie der eines Instruments, und hat, wie jeder andere, die eigentümlichen Vorteile und Nachteile, welche eine Folge des ihn hervorbringenden Instruments sind. Daß nun, in diesem Fall, eben dieses Instrument anderweitig, als Werkzeug der Sprache, zur Mitteilung von Begriffen dient, ist ein zufälliger Umstand, den die Musik zwar nebenbei benutzen kann, um eine Verbindung mit der Poesie einzugehen; jedoch nie darf sie ihn zur Hauptsache machen und gänzlich nur auf den Ausdruck der meistens, ja (wie Diderot im „Neffen Rameau's" zu verstehen gibt) sogar wesentlich faden Verse bedacht sein. Die Worte sind und bleiben für die Musik eine fremde Zugabe, von untergeordnetem Werte, da die Wirkung der Töne ungleich mächtiger, unfehlbarer und schneller ist, als die der Worte: diese müssen daher, wenn sie der Musik einverleibt werden, doch nur eine völlig untergeordnete Stelle einnehmen und sich ganz nach jener fügen. Umgekehrt aber gestaltet sich das Verhältnis in Hinsicht auf die gegebene Poesie, also das Lied, oder den Operntext, welchem eine Musik hinzugefügt wird. Denn alsbald zeigt an diesen die Tonkunst ihre Macht und höhere Befähigung, indem sie jetzt über die in den Worten ausgedrückte Empfindung, oder die in der Oper dargestellte Handlung, die tiefsten, letzten, geheimsten Aufschlüsse gibt, das eigentliche und wahre Wesen derselben ausspricht und uns die innerste Seele der Vorgänge und Begebenheiten kennen lehrt, deren bloße Hülle und Leib die Bühne darbietet. Hinsichtlich dieses Übergewichts der Musik, wie auch sofern sie zum Text und zur Handlung im Verhältnis des Allgemeinen zum Einzelnen, der Regel zum Beispiele steht, möchte es vielleicht passender scheinen, daß der Text zur Musik gedichtet würde, als daß man die Musik zum Texte komponiert. Inzwischen leiten, bei der üblichen Methode, die Worte und Handlungen des Textes den Komponisten auf die ihnen zum Grunde liegenden Affektionen des Willens, und rufen in ihm selbst die auszudrückenden Empfindungen hervor, wirken mithin als Anregungsmittel seiner musikalischen Phantasie. — Daß übrigens die Zugabe der Dichtung zur Musik uns so willkommen ist, und ein Gesang mit verständlichen Worten uns so innig erfreut, beruht darauf, daß dabei unsere unmittelbarste und unsere mittelbarste Erkenntnisweise zugleich und im Verein angeregt werden: die unmittelbarste nämlich ist die, für welche die Musik die Regungen des Willens selbst ausdrückt, die mittelbarste aber die der durch Worte bezeichneten Begriffe. Bei der Sprache der Empfindungen mag die Vernunft nicht gern ganz müßig sitzen. Die Musik vermag zwar aus eigenen Mitteln jede Bewegung des Willens, jede Empfindung, auszudrücken; aber durch die Zugabe der Worte erhalten wir nun überdies auch noch die Gegenstände dieser, die Motive, welche jene veranlassen. — Die Musik einer Oper, wie die Partitur sie darstellt, hat eine völlig unabhängige, gesonderte, gleichsam abstrakte Existenz für sich, welcher die Hergänge und Personen des Stücks fremd sind, und die ihre eigenen, unwandelbaren Regeln befolgt; daher sie auch ohne den Text vollkommen wirksam ist. Diese Musik aber, da sie mit Rücksicht auf das Drama komponiert wurde, ist gleichsam die Seele desselben, indem sie, in ihrer Verbindung mit den Vorgängen, Personen und Worten, zum Ausdruck der innern Bedeutung und der auf dieser beruhenden, letzten und geheimen Notwendigkeit aller jener Vorgänge wird. Auf einem undeutlichen Gefühl hievon beruht eigentlich der Genuß des Zuschauers, wenn er kein bloßer Gaffer ist. Dabei jedoch zeigt, in der Oper, die Musik ihre heterogene Natur und höhere Wesenheit durch ihre gänzliche Indifferenz gegen alles Materielle der Vorgänge; infolge welcher sie den Sturm der Leidenschaften und das Pathos der Empfindungen überall auf gleiche Weise ausdrückt und mit demselben Pomp ihre Töne begleitet, mag Agamemnon und Achill, oder der Zwist einer Bürgerfamilie, das Materielle des Stückes liefern. Denn für sie sind bloß die Leidenschaften, die Willensbewegungen vorhanden, und sie sieht, wie Gott, nur die Herzen. Sie assimiliert sich nie dem Stoffe: daher auch wenn sie sogar die lächerlichsten und ausschweifendsten Possen der komischen Oper begleitet, sie doch in ihrer wesentlichen Schönheit, Reinheit und Erhabenheit bleibt, und ihre Verschmelzung mit jenen Vorgängen nicht vermag, sie von ihrer Höhe, der alles Lächerliche eigentlich fremd ist, herabzuziehen. So schwebt über dem Possenspiel und den endlosen Miseren des Menschenlebens die tiefe und ernste Bedeutung unsers Daseins, und verläßt solches keinen Augenblick.

Werfen wir jetzt einen Blick auf die bloße Instrumentalmusik; so zeigt uns eine Beethoven'sche Symphonie die größte Verwirrung, welcher doch die vollkommenste Ordnung zum Grunde liegt, den heftigsten Kampf, der sich im nächsten Augenblick zur schönsten Eintracht gestaltet: es ist rerum concordia discors, ein treues und vollkommenes Abbild des Wesens der Welt, welche dahin rollt, im unübersehbaren Gewirre zahlloser Gestalten und durch stete Zerstörung sich selbst erhält. Zugleich nun aber sprechen aus dieser Symphonie alle menschlichen Leidenschaften und Affekte: die Freude, die Trauer, die Liebe, der Haß, der Schrecken, die Hoffnung usw. in zahllosen Nüancen, jedoch alle gleichsam nur in abstracto und ohne alle Besonderung: es ist ihre bloße Form, ohne den Stoff, wie eine bloße Geisterwelt, ohne Materie. Allerdings haben wir den Hang, sie, beim Zuhören, zu realisieren, sie, in der Phantasie, mit Fleisch und Bein zu bekleiden und allerhand Szenen des Lebens und der Natur darin zu sehen. Jedoch befördert dies, im Ganzen genommen, nicht ihr Verständnis, noch ihren Genuß, gibt ihr vielmehr einen fremdartigen, willkürlichen Zusatz: daher ist es besser, sie in ihrer Unmittelbarkeit und rein aufzufassen.

Nachdem ich nun im Bisherigen, wie auch im Texte, die Musik allein von der metaphysischen Seite, also hinsichtlich der innern Bedeutung ihrer Leistungen betrachtet habe, ist es angemessen, auch die Mittel, durch welche sie, auf unsern Geist wirkend, dieselben zustande bringt, einer allgemeinen Betrachtung zu unterwerfen, mithin die Verbindung jener metaphysischen Seite der Musik mit der genugsam untersuchten und bekannten physischen nachzuweisen. — Ich gehe von der allgemein bekannten und durch neuere Einwürfe keineswegs erschütterten Theorie aus, daß alle Harmonie der Töne auf der Koinzidenz der Vibrationen beruht, welche, wann zwei Töne zugleich erklingen, etwan bei jeder zweiten, oder bei jeder dritten, oder bei jeder vierten Vibration eintrifft, wonach sie dann Oktav, Quint, oder Quart von einander sind usw. So lange nämlich die Vibrationen zweier Töne ein rationales und in kleinen Zahlen ausdrückbares Verhältnis zu einander haben, lassen sie sich durch ihre oft wiederkehrende Koinzidenz, in unserer Apprehension zusammenfassen: die Töne verschmelzen mit einander und stehen dadurch im Einklang. Ist hingegen jenes Verhältnis ein irrationales, oder ein nur in größeren Zahlen ausdrückbares; so tritt keine faßliche Koinzidenz der Vibrationen ein, sondern obstrepunt sibi perpetuo, wodurch sie der Zusammenfassung in unserer Apprehension widerstreben und demnach eine Dissonanz heißen. Dieser Theorie nun zufolge ist die Musik ein Mittel, rationale und irrationale Zahlenverhältnisse, nicht etwan, wie die Arithmetik, durch Hilfe des Begriffs faßlich zu machen, sondern dieselben zu einer ganz unmittelbaren und simultanen sinnlichen Erkenntnis zu bringen. Die Verbindung der metaphysischen Bedeutung der Musik mit dieser ihrer physischen und arithmetischen Grundlage beruht nun darauf, daß das unserer A p p r e h e n s i o n Widerstrebende, das Irrationale, oder die Dissonanz, zum natürlichen Bilde des unserm W i l l e n Widerstrebenden wird; und umgekehrt wird die Konsonanz, oder das Rationale, indem sie unserer Auffassung sich leicht fügt, zum Bilde der Befriedigung des Willens. Da nun ferner jenes Rationale und Irrationale in den Zahlenverhältnissen der Vibrationen unzählige Grade, Nüancen, Folgen und Abwechselungen zuläßt, so wird, mittelst seiner, die Musik der Stoff, in welchem alle Bewegungen des menschlichen Herzens, d. i. des Willens, deren Wesentliches immer auf Befriedigung und Unzufriedenheit, wiewohl in unzähligen Graden, hinausläuft, sich in allen ihren feinsten Schattierungen und Modifikationen getreu abbilden und wiedergeben lassen, welches mittelst Erfindung der Melodie geschieht. Wir sehen also hier die Willensbewegungen auf das Gebiet der bloßen Vorstellung hinübergespielt, als welche der ausschließliche Schauplatz der Leistungen aller schönen Künste ist; da diese durchaus verlangen, daß der W i l l e s e l b s t aus dem Spiel bleibe und wir durchweg uns als rein E r k e n n e n d e verhalten. Daher dürfen die Affektionen des Willens selbst, also wirklicher Schmerz und wirkliches Behagen, nicht erregt werden, sondern nur ihre Substitute, das dem I n t e l l e k t Angemessene, als B i l d der Befriedigung des Willens, und das jenem mehr oder weniger Widerstrebende, als Bild des größern oder geringern Schmerzes. Nur so verursacht die Musik uns nie wirkliches Leiden, sondern bleibt auch in ihren schmerzlichsten Akkorden noch erfreulich, und wir vernehmen gern in ihrer Sprache die geheime Geschichte unsers Willens und aller seiner Regungen und Strebungen, mit ihren mannigfaltigen Verzögerungen, Hemmnissen und Qualen, selbst noch in den wehmütigsten Melodien. Wo hingegen, in der Wirklichkeit und ihren Schrecken, unser W i l l e s e l b s t das so Erregte und Gequälte ist; da haben wir es nicht mit Tönen und ihren Zahlenverhältnissen zu tun, sondern sind vielmehr jetzt selbst die gespannte, gekniffene und zitternde Saite.

Weil nun ferner, infolge der zugrunde gelegten physikalischen Theorie, das eigentlich Musikalische der Töne in der Proportion der Schnelligkeit ihrer Vibrationen, nicht aber in ihrer relativen Stärke liegt; so folgt das musikalische Gehör, bei der Harmonie, stets vorzugsweise dem höchsten Ton, nicht dem stärksten: daher sticht, auch bei der stärksten Orchesterbegleitung, der Sopran hervor und erhält dadurch ein natürliches Recht auf den Vortrag der Melodie, welches zugleich unterstützt wird durch seine, auf derselben Schnelligkeit der Vibrationen beruhende, große Beweglichkeit, wie sie sich in den figurierten Sätzen zeigt, und wodurch der Sopran der geeignete Repräsentant der erhöhten, für den leisesten Eindruck empfänglichen und durch ihn bestimmbaren Sensibilität, folglich des auf der obersten Stufe der Wesenleiter stehenden, aufs höchste gesteigerten Bewußtseins wird. Seinen Gegensatz bildet, aus den umgekehrten Ursachen, der schwerbewegliche, nur in großen Stufen, Terzen, Quarten und Quinten, steigende und fallende und dabei in jedem seiner Schritte durch feste Regeln geleitete Baß, welcher daher der natürliche Repräsentant des gefühllosen, für feine Eindrücke unempfänglichen und nur nach allgemeinen Gesetzen bestimmbaren, unorganischen Naturreiches ist. Er darf sogar nie um einen Ton, z. B. von Quart auf Quint steigen; da dies in den obern Stimmen die fehlerhafte Quinten- und Oktaven-Folge herbeiführt: daher kann er, ursprünglich und in seiner eigenen Natur, nie die Melodie vortragen. Wird sie ihm dennoch zugeteilt; so geschieht es mittelst des Kontrapunkts, d. h. er ist ein **versetzter** Baß, nämlich eine der obern Stimmen ist herabgesetzt und als Baß verkleidet: eigentlich bedarf er dann noch eines zweiten Grundbasses zu seiner Begleitung. Diese Widernatürlichkeit einer im Basse liegenden Melodie führt herbei, daß Baßarien, mit voller Begleitung, uns nie den reinen, ungetrübten Genuß gewähren, wie die Sopranarie, als welche, im Zusammenhang der Harmonie, allein naturgemäß ist. Beiläufig gesagt, könnte ein solcher melodischer, durch Versetzung erzwungener Baß, im Sinn unserer Metaphysik der Musik, einem Marmorblocke verglichen werden, dem man die menschliche Gestalt aufgezwungen hat: dem steinernen Gast im „Don Juan" ist er eben dadurch wundervoll angemessen.

Jetzt aber wollen wir noch der G e n e s i s der Melodie etwas näher auf den Grund gehen, welches durch Zerlegung derselben in ihre Bestandteile zu bewerkstelligen ist und uns jedenfalls das Vergnügen gewähren wird, welches dadurch entsteht, daß man sich Dinge, die in concreto jedem bewußt sind, einmal auch zum abstrakten und deutlichen Bewußtsein bringt, wodurch sie den Schein der Neuheit gewinnen.

Die Melodie besteht aus zwei Elementen, einem rhythmischen und einem harmonischen: jenes kann man auch als das quantitative, dieses als das qualitative bezeichnen, da das erstere die Dauer, das letztere die Höhe und Tiefe der Töne betrifft. In der Notenschrift hängt das erstere den senkrechten, das letztere den horizontalen Linien an. Beiden liegen rein arithmetische Verhältnisse, also die der Zeit, zum Grunde: dem einen die relative Dauer der Töne, dem andern die relative Schnelligkeit ihrer Vibrationen. Das rhythmische Element ist das wesentlichste; da es, für sich allein und ohne das andere eine Art Melodie darzustellen vermag, wie z. B. auf der Trommel geschieht: die vollkommene Melodie verlangt jedoch beide. Sie besteht nämlich in einer abwechselnden E n t z w e i u n g und V e r s ö h n u n g derselben, wie ich sogleich zeigen werde, aber zuvor, da von dem harmonischen Elemente schon im bisherigen die Rede gewesen, das rhythmische etwas näher betrachten will.

Der R h y t h m u s ist in der Zeit was im Raume die S y m m e t r i e ist, nämlich Teilung in gleiche und einander entsprechende Teile, und zwar zunächst in größere, welche wieder in kleinere, jenen untergeordnete, zerfallen. In der von mir aufgestellten Reihe der Künste bilden die A r c h i t e k t u r und M u s i k die beiden äußersten Enden. Auch sind sie, ihrem innern Wesen, ihrer Kraft, dem Umfang ihrer Sphäre und ihrer Bedeutung nach, die heterogensten, ja, wahre Antipoden: sogar auf die Form ihrer Erscheinung erstreckt sich dieser Gegensatz, indem die Architektur allein im R a u m ist, ohne irgend eine Beziehung auf die Zeit, die Musik allein in der Z e i t, ohne irgend eine Beziehung auf den Raum*). Hieraus nun entspringt ihre einzige Analogie, daß nämlich, wie in der Architektur die S y m m e t r i e das Ordnende und Zusammenhaltende ist, so in der Musik der R h y t h m u s, wodurch auch hier sich bewährt, daß les extrêmes se touchent. Wie die letzten Bestandteile eines Gebäudes die ganz gleichen Steine, so sind die eines Tonstückes die ganz gleichen Takte: diese werden jedoch noch durch Auf- und Niederschlag, oder überhaupt durch den Zahlenbruch, welcher die Taktart be-

---

*) Es wäre ein falscher Einwurf, daß auch Skulptur und Malerei bloß im Raume seien: denn ihre Werke hängen zwar nicht unmittelbar, aber doch mittelbar mit der Zeit zusammen, indem sie Leben, Bewegung, Handlung darstellen. Eben so falsch wäre es zu sagen, daß auch die Poesie, als Rede, allein der Zeit angehöre: dies gilt, ebenso, nur unmittelbar von den Worten: ihr Stoff ist alles Daseiende, also das Räumliche.

zeichnet, in gleiche Teile geteilt, die man allenfalls den Dimensionen des Steines vergleichen mag. Aus mehreren Takten besteht die musikalische Periode, welche ebenfalls zwei gleiche Hälften hat, eine steigende, anstrebende, meistens zur Dominante gehende, und eine sinkende, beruhigende, den Grundton wiederfindende. Zwei, auch wohl mehrere Perioden machen einen Teil aus, der meistens durch das Wiederholungszeichen gleichfalls symmetrisch verdoppelt wird: aus zwei Teilen wird ein kleineres Musikstück, oder aber nur ein Satz eines größern; wie denn ein Konzert oder Sonate aus dreien, eine Symphonie aus vier, eine Messe aus fünf Sätzen zu bestehen pflegt. Wir sehen also das Tonstück, durch die symmetrische Einteilung und abermalige Teilung, bis zu den Takten und deren Brüchen herab, bei durchgängiger Unter-, Über- und Nebenordnung seiner Glieder, gerade so zu einem Ganzen verbunden und abgeschlossen werden, wie das Bauwerk durch seine Symmetrie: nur daß bei diesem ausschließlich im Raume ist, was bei jenem ausschließlich in der Zeit. Das bloße Gefühl dieser Analogie hat das in den letzten 30 Jahren oft wiederholte kecke Witzwort hervorgerufen, daß Architektur gefrorene Musik sei. Der Ursprung desselben ist auf G o e t h e zurückzuführen, da er, nach E c k e r m a n n s Gesprächen, Bd. II, S. 88, gesagt hat: „Ich habe unter meinen Papieren ein Blatt gefunden, wo ich die Baukunst eine erstarrte Musik nenne: und wirklich hat es etwas: die Stimmung die von der Baukunst ausgeht, kommt dem Effekt der Musik nahe." Wahrscheinlich hat er viel früher jenes Witzwort in der Konversation fallen lassen, wo es denn bekanntlich nie an Leuten gefehlt hat, die was er so fallen ließ auflasen, um nachher damit geschmückt einherzugehen. Was übrigens Goethe auch gesagt haben mag, so erstreckt die hier von mir auf ihren alleinigen Grund, nämlich auf die Analogie des Rhythmus mit der Symmetrie, zurückgeführte Analogie der Musik mit der Baukunst sich demgemäß allein auf die äußere Form, keineswegs aber auf das innere Wesen beider Künste, als welches himmelweit verschieden ist: es wäre sogar lächerlich, die beschränkteste und schwächste aller Künste mit der ausgedehntesten und wirksamsten im Wesentlichen gleich stellen zu wollen. Als Amplifikation der nachgewiesenen Analogie könnte man noch hinzusetzen, daß, wann die Musik, gleichsam in einem Anfall von Unabhängigkeitsdrang, die Gelegenheit einer Fermate ergreift, um sich, vom Zwang des Rhythmus losgerissen, in der freien Phantasie einer figurierten Kadenz zu ergehen, ein solches vom Rhythmus entblößtes Tonstück der von der Symmetrie entblößten Ruine analog sei, welche man demnach, in der kühnen Sprache jenes Witzwortes, eine gefrorene Kadenz nennen mag.

Nach dieser Erörterung des R h y t h m u s habe ich jetzt darzutun, wie in der stets erneuerten E n t z w e i ung und V e r s ö h n u n g des rhythmischen Elements der Melodie mit dem harmonischen das Wesen derselben besteht. Ihr harmonisches Element nämlich hat den Grundton zur Voraussetzung, wie das rhythmische die Taktart, und besteht in einem Abirren von demselben, durch alle Töne der Skala, bis es, auf kürzerem oder längerem Umwege, eine harmonische Stufe, meistens die Dominante oder Unterdominante, erreicht, die ihm eine unvollkommene Beruhigung gewährt: dann aber folgt, auf gleich langem Wege, seine Rückkehr zum Grundton, mit welchem die vollkommene Beruhigung eintritt. Beides muß nun aber so geschehen, daß das Erreichen der besagten Stufe, wie auch das Wiederfinden des Grundtons, mit gewissen bevorzugten Zeitpunkten des Rhythmus zusammentreffe, da es sonst nicht wirkt. Also, wie die harmonische Tonfolge gewisse T ö n e verlangt, vorzüglich die Tonika, nächst ihr die Dominante usw.; so fordert seinerseits der Rhythmus gewisse Z e i t p u n k t e, gewisse abgezählte Takte und gewisse Teile dieser Takte, welche man die schweren, oder guten Zeiten, oder die akzentuierten Taktteile nennt, im Gegensatz der leichten, oder schlechten Zeiten, oder unakzentuierten Taktteile. Nun besteht die E n t z w e i u n g jener beiden Grundelemente darin, daß indem die Forderung des einen befriedigt wird, die des andern es nicht ist, die Versöhnung aber darin, daß beide zugleich und auf einmal befriedigt werden. Nämlich jenes Herumirren der Tonfolge, bis zum Erreichen einer mehr oder minder harmonischen Stufe, muß diese erst nach einer bestimmten Anzahl Takte, sodann aber auf einem guten Zeitteil des Taktes antreffen, wodurch dieselbe zu einem gewissen Ruhepunkte für sie wird; und ebenso muß die Rückkehr zur Tonika diese nach einer gleichen Anzahl Takte und ebenfalls auf einem g u t e n Zeitteil wiederfinden, wodurch dann die völlige Befriedigung eintritt. So lange dieses geforderte Zusammentreffen der Befriedigungen beider Elemente nicht erreicht wird, mag einerseits der Rhythmus seinen regelrechten Gang gehen, und andererseits die geforderten Noten oft genug vorkommen; sie werden dennoch ganz ohne jene Wirkung bleiben, durch welche die Melodie entsteht: dies zu erläutern diene das folgende, höchst einfache Beispiel:

Hier trifft die harmonische Tonfolge gleich am Schluß des ersten Takts auf die Tonika: allein sie erhält dadurch keine Befriedigung; weil der Rhythmus im schlechtesten Taktteile begriffen ist. Gleich darauf, im zweiten Takt, hat der Rhythmus das gute Taktteil; aber die Tonfolge ist auf die Septime gekommen. Hier sind also die beiden Elemente der Melodie ganz e n t z w e i t ; und wir fühlen uns beunruhigt. In der zweiten Hälfte der Periode trifft alles umgekehrt, und sie werden, im letzten Ton, v e r s ö h n t. Dieser Vorgang ist in jeder Melodie, wiewohl meistens in viel größerer Ausdehnung, nachzuweisen. Die dabei nun stattfindende beständige E n t z w e i u n g u n d V e r s ö h n u n g ihrer beiden Elemente ist, metaphysisch betrachtet, das Abbild der Entstehung neuer Wünsche und sodann ihrer Befriedigung. Eben dadurch schmeichelt die Musik sich so in unser Herz, daß sie ihm stets die vollkommene Befriedigung seiner Wünsche vorspiegelt. Näher betrachtet, sehen wir in diesem Hergang der Melodie eine gewissermaßen i n n e r e Bedingung (die harmonische) mit einer ä u ß e r n (der rhythmischen) wie durch einen Z u f a l l zusammentreffen, — welchen freilich der Komponist herbeiführt und der insofern dem Reim in der Poesie zu vergleichen ist: dies aber eben ist das Abbild des Zusammentreffens unserer Wünsche mit den von ihnen unabhängigen, günstigen, äußeren Umständen, also das Bild des Glücks. — Noch verdient hiebei die Wirkung des V o r h a l t s beachtet zu werden. Er ist eine Dissonanz, welche die mit Gewißheit erwartete, finale Konsonanz verzögert; wodurch das Verlangen nach ihr verstärkt wird und ihr Eintritt desto mehr befriedigt: offenbar ein Analogon der durch Verzögerung erhöhten Befriedigung des Willens. Die vollkommene Kadenz erfordert den vorhergehenden Septimenakkord auf der Dominante; weil nur auf das dringendste Verlangen die am tiefsten gefühlte Befriedigung und gänzliche Beruhigung folgen kann. Durchgängig also besteht die Musik in einem steten Wechsel von mehr oder minder beunruhigenden, d. i. Verlangen erregenden Akkorden, mit mehr oder minder beruhigenden und befriedigenden; eben wie das Leben des Herzens (der Wille) ein steter Wechsel von größerer oder geringerer Beunruhigung, durch Wunsch oder Furcht, mit eben so verschieden gemessener Beruhigung ist. Demgemäß besteht die harmonische Fortschreitung in der kunstgerechten Abwechselung der Dissonanz und Konsonanz. Eine Folge bloß konsonanter Akkorde würde übersättigend, ermüdend und leer sein, wie der languor, den die Befriedigung aller Wünsche herbeiführt. Daher müssen Dissonanzen, obwohl sie beunruhigend und fast peinlich wirken, eingeführt werden, aber nur um, mit gehöriger Vorbereitung, wieder in Konsonanzen aufgelöst zu werden. Ja, es gibt eigentlich in der ganzen Musik nur zwei Grundakkorde: den dissonanten Septimenakkord und den harmonischen Dreiklang, als auf welche alle vorkommenden Akkorde zurückzuführen sind. Dies ist eben dementsprechend, daß es für den Willen im Grunde nur Unzufriedenheit und Befriedigung gibt, unter wie vielerlei Gestalten sie auch sich darstellen mögen. Und wie es zwei allgemeine Grundstimmungen des Gemüts gibt, Heiterkeit oder wenigstens Rüstigkeit, und Betrübnis oder doch Beklemmung; so hat die Musik zwei allgemeine Tonarten Dur und Moll, welche jenen entsprechen, und sie muß stets sich in einer von beiden befinden. Es ist aber in der Tat höchst wunderbar, daß es ein weder physisch schmerzliches, noch auch konventionelles, dennoch sogleich ansprechendes und unverkennbares Zeichen des Schmerzes gibt: das Moll. Daran läßt sich ermessen, wie tief die Musik im Wesen der Dinge und des Menschen gegründet ist. — Bei nordischen Völkern, deren Leben schweren Bedingungen unterliegt, namentlich bei den Russen, herrscht das Moll vor, sogar in der Kirchenmusik. — Allegro in Moll ist in der französischen Musik sehr häufig und charakterisiert sie: es ist, wie wenn einer tanzt, während ihn der Schuh drückt.

Ich füge noch ein paar Nebenbetrachtungen hinzu. — Unter dem Wechsel der Tonika, und mit ihr des Wertes aller Stufen, infolgedessen derselbe Ton als Sekunde, Terz, Quart usw. figuriert, sind die Töne der Skala den Schauspielern analog, welche bald diese, bald jene Rolle übernehmen müssen, während ihre Person dieselbe bleibt. Daß diese jener oft nicht genau angemessen ist, kann man der (am Schluß der vorstehenden ersten Abhandlung erwähnten) unvermeidlichen Unreinheit jedes harmonischen Systems vergleichen, welche die gleichschwebende Temperatur herbeigeführt hat. —

Vielleicht könnte einer und der andere daran Anstoß nehmen, daß die Musik, welche ja oft so geisterhebend auf uns wirkt, daß uns dünkt, sie rede von anderen und besseren Welten, als die unsere ist, nach gegenwärtiger Metaphysik derselben, doch eigentlich nur dem Willen zum Leben schmeichelt, indem sie sein Wesen darstellt, sein Gelingen ihm vormalt und am Schluß seine Befriedigung und Genügen ausdrückt. Solche Bedenken zu beruhigen mag folgende Veda-Stelle dienen: E t a n a n d s r o u p, quod forma gaudii est, τον p r a m A t m a ex hoc dicunt, quod quocunque loco gaudium est, particula e gaudio ejus est. (Oupnekhat, Vol. I, p. 405, et iterum Vol. II, p. 215.)

3. ZUR METAPHYSIK DES SCHÖNEN UND ÄSTHETIK.
(W. V. 455.)

1.

Die M u s i k ist die wahre allgemeine Sprache, die man überall versteht: daher wird sie in allen Ländern und durch alle Jahrhunderte, mit großem Ernst und Eifer, unaufhörlich geredet, und macht eine bedeutsame, vielsagende Melodie gar bald ihren Weg um das ganze Erdenrund; während eine sinnarme und nichtssagende gleich verhallt und erstirbt; welches beweiset, daß der Inhalt der Melodie ein sehr wohl verständlicher ist. Jedoch redet sie nicht von Dingen, sondern von lauter Wohl und Wehe, als welche die alleinigen Realitäten für den W i l l e n sind: darum spricht sie so sehr zum Herzen, während sie dem Kopfe u n m i t t e l b a r nichts zu sagen hat und es ein Mißbrauch ist, wenn man ihr dies zumutet, wie in aller m a l e n d e n Musik geschieht, welche daher, ein für allemal, verwerflich ist; wenn gleich

Haydn und Beethoven sich zu ihr verirrt haben: Mozart und Rossini haben es, meines Wissens, nie getan. Denn ein anderes ist Ausdruck der Leidenschaften, ein anderes Malerei der Dinge.

Auch die Grammatik jener allgemeinen Sprache ist aufs genaueste reguliert worden; wiewohl erst seitdem R a m e a u den Grund dazu gelegt hatte. Hingegen das Lexikon, ich meine die, laut obigem, nicht zu bezweifelnde, wichtige Bedeutung des Inhalts derselben, zu enträtseln, d. h. der Vernunft, wenn auch nur im allgemeinen, faßlich zu machen, was es sei, das die Musik, in Melodie und Harmonie, besagt, und wovon sie rede, dies hat man, bis ich es unternahm, nicht einmal ernstlich versucht; — welches wie so vieles andere, beweist, wie wenig überhaupt zur Reflexion und zum Nachdenken geneigt die Menschen sind, mit welcher Besinnungslosigkeit vielmehr sie dahinleben. Überall ist ihre Absicht, nur zu genießen und zwar mit möglichst geringem Aufwande von Gedanken. Ihre Natur bringt es so mit sich. Daher kommt es so possenhaft heraus, wenn sie vermeinen, die Philosophen spielen zu müssen; wie an unsern Philosophieprofessoren, ihren vortrefflichen Werken und der Aufrichtigkeit ihres Eifers für Philosophie und Wahrheit zu ersehen ist.

2.

Allgemein und zugleich populär redend kann man den Ausspruch wagen: die Musik überhaupt ist die Melodie, zu der die Welt der Text ist. Den eigentlichen Sinn desselben aber erhält man allein durch meine Auslegung der Musik.

Nun aber das Verhältnis der Tonkunst zu dem ihr jedesmal aufgelegten bestimmten Äußerlichen, wie Text, Aktion, Marsch, Tanz, geistliche, oder weltliche Feierlichkeit usw. ist analog dem Verhältnis der Architektur als bloß schöner, d. h. auf rein ästhetische Zwecke gerichteter Kunst zu den wirklichen Bauwerken, die sie zu errichten hat, mit deren nützlichen, ihr selbst fremden Zwecken sie daher die ihr eigenen zu vereinigen suchen muß, indem sie diese unter den Bedingungen, die jene stellen, doch durchsetzt, und demnach einen Tempel, Palast, Zeughaus, Schauspielhaus usw. so hervorbringt, daß es sowohl an sich schön, als auch seinem Zwecke angemessen sei und sogar diesen, durch seinen ästhetischen Charakter, selbst ankündige. In analoger also, wiewohl nicht eben so unvermeidlicher Dienstbarkeit steht die Musik zum Text, oder den sonstigen, ihr aufgelegten Realitäten. Sie muß zunächst dem Texte sich fügen, obwohl sie seiner keineswegs bedarf, ja, ohne ihn, sich viel freier bewegt: sie muß aber nicht nur jede Note seiner Wortlänge und seinem Wortsinn anpassen; sondern auch durchweg eine gewisse Homogeneität mit ihm annehmen und ebenso auch den Charakter der übrigen, ihr etwa gesetzten, willkürlichen Zwecke tragen und demnach Kirchen-, Opern-, Militär-, Tanz-Musik u. dgl. m. sein. Das alles aber ist ihrem Wesen so fremd, wie der rein ästhetischen Baukunst die menschlichen Nützlichkeitszwecke, denen also beide sich zu bequemen und ihre selbsteigenen den ihnen fremden Zwecken unterzuordnen haben. Der Baukunst ist dies fast immer unvermeidlich; der Musik nicht also: sie bewegt sich frei im Konzerte, in der Sonate und vor allem in der Symphonie, ihrem schönsten Tummelplatz, auf welchem sie ihre Saturnalien feiert.

Ebenso nun ferner ist der Abweg, auf welchem sich unsere Musik befindet, dem analog, auf welchen die römische Architektur unter den spätern Kaisern geraten war, wo nämlich die Überladung mit Verzierungen die wesentlichen, einfachen Verhältnisse teils versteckte, teils sogar verrückte: sie bietet nämlich vielen Lärm, viele Instrumente, viel Kunst, aber gar wenig deutliche, eindringende und ergreifende Grundgedanken. Zudem findet man in den schalen, nichtssagenden, melodielosen Kompositionen des heutigen Tages denselben Zeitgeschmack wieder, welcher die undeutliche, schwankende, nebelhafte, rätselhafte, ja, sinnleere Schreibart sich gefallen läßt, deren Ursprung hauptsächlich in der miserabeln Hegelei und ihrem Scharlatanismus zu suchen ist. — In den Kompositionen jetziger Zeit ist es mehr auf die Harmonie, als die Melodie abgesehen: ich bin jedoch entgegengesetzter Ansicht und halte die Melodie für den Kern der Musik, zu welchem die Harmonie sich verhält, wie zum Braten die Sauce.

3.

Die g r o ß e O p e r ist eigentlich kein Erzeugnis des reinen Kunstsinnes, vielmehr des etwas barbarischen Begriffs von Erhöhung des ästhetischen Genusses mittelst Anhäufung der Mittel, Gleichzeitigkeit ganz verschiedenartiger Eindrücke und Verstärkung der Wirkung durch Vermehrung der wirkenden Masse und Kräfte; während doch die Musik, als die mächtigste aller Künste, für sich allein, den für sie empfänglichen Geist vollkommen auszufüllen vermag; ja, ihre höchsten Produktionen, um gehörig aufgefaßt und genossen zu werden, den ganzen ungeteilten und unzerstreuten Geist verlangen, damit er sich ihnen hingebe und sich in sie versenke, um ihre so unglaublich innige Sprache ganz zu verstehen. Statt dessen dringt man, während einer so höchst komplizierten Opern-Musik, zugleich durch das Auge auf den Geist ein, mittelst des buntesten Gepränges, der phantastischesten Bilder und der lebhaftesten Licht- und Farben-Eindrücke; wobei noch außerdem die Fabel des Stückes ihn beschäftigt. Durch dies alles wird er abgezogen, zerstreut, betäubt und so am wenigsten für die heilige, geheimnisvolle, innige Sprache der Töne empfänglich gemacht. Also wird, durch dergleichen, dem Erreichen des musikalischen Zweckes gerade entgegengearbeitet. Dazu kommen nun noch die Ballette, ein oft mehr auf die Lüsternheit, als auf ästhetischen Genuß berechnetes Schauspiel, welches überdies, durch den engen Umfang seiner Mittel und hieraus entspringende Monotonie, bald höchst langweilig wird und dadurch beiträgt die Geduld zu erschöpfen, vorzüglich indem, durch die langwierige, oft Viertelstunden dauernde Wiederholung derselben, untergeordneten Tanzmelodie, der musikalische Sinn ermüdet und abgestumpft wird, so daß ihm für die nachfolgenden musikalischen Eindrücke ernsterer und höherer Art keine Empfänglichkeit mehr bleibt.

Es möchte hingehen, obgleich ein rein musikalischer Geist es nicht verlangt, daß man der reinen Sprache der Töne, obwohl sie, selbstgenugsam, keiner Beihilfe bedarf, Worte, sogar auch eine anschaulich vorgeführte Handlung, zugesellt und unterlegt, damit unser an-

schauender und reflektierender Intellekt, der nicht ganz
müßig sein mag, doch auch eine leichte und analoge Beschäftigung dabei erhalte, wodurch sogar die Aufmerksamkeit der Musik fester anhängt und folgt, auch zugleich dem, was die Töne in ihrer allgemeinen, bilder-
losen Sprache des Herzens besagen, ein anschauliches
Bild, gleichsam ein Schema, oder wie ein Exempel zu
einem allgemeinen Begriff, untergelegt wird: ja, dergleichen wird den Eindruck der Musik erhöhen. Jedoch
sollte es in den Schranken der größten Einfachheit gehalten werden; da es sonst dem musikalischen Haupt-
zwecke gerade entgegenwirkt.

Die große Anhäufung vokaler und instrumentaler
Stimmen in der Oper wirkt zwar auf musikalische Weise:
jedoch steht die Erhöhung der Wirkung, vom bloßen
Quartett bis zu jenen hundertstimmigen Orchestern,
durchaus nicht im Verhältnis mit der Vermehrung der
Mittel; weil eben der Akkord doch nicht mehr, als drei,
nur in einem Fall vier, Töne haben und der Geist nie
mehr zugleich auffassen kann; von wie vielen Stimmen
verschiedenster Oktaven auf einmal jene drei oder vier
Töne auch angegeben werden mögen. — Aus dem allen
ist erklärlich, wie eine schöne, nur vierstimmig aufge-
führte Musik bisweilen uns tiefer ergreifen kann, als die
ganze opera seria, deren Auszug sie liefert; — eben wie
die Zeichnung bisweilen mehr wirkt, als das Ölgemälde.
Was dennoch die Wirkung des Quartetts hauptsächlich
niederhält, ist, daß ihm die Weite der Harmonie, d. h. die
Entfernung zweier oder mehrerer, Oktaven zwischen dem
Baß und der tiefsten der drei oberen Stimmen, abgeht,
wie sie, von der Tiefe des Kontrabasses aus, dem Or-

chester zu Gebote steht, dessen Wirkung selbst aber, eben darum, noch unglaublich erhöht wird, wenn eine große, bis zur letzten Stufe der Hörbarkeit hinabgehende Orgel fortwährend den Grundbaß dazu spielt, wie dies in der katholischen Kirche zu Dresden geschieht. Denn nur so tut die Harmonie ihre ganze Wirkung. — Überhaupt aber ist aller Kunst, allem Schönen, aller geistigen Darstellung die Einfachheit, welche ja auch der Wahrheit anzuhängen pflegt, ein wesentliches Gesetz: wenigstens ist es immer gefährlich sich von ihr zu entfernen.

Strenge genommen also könnte man die Oper eine unmusikalische Erfindung zugunsten unmusikalischer Geister nennen, als bei welchen die Musik erst eingeschwärzt werden muß durch ein ihr fremdes Medium, also etwa als Begleitung einer breit ausgesponnenen, faden Liebesgeschichte und ihrer poetischen Wassersuppen: denn eine gedrängte, geist- und gedankenvolle Poesie verträgt der Operntext gar nicht; weil einem solchen die Komposition nicht nachkommen kann. Nun aber die Musik ganz zum Knechte schlechter Poesie machen zu wollen, ist ein Irrweg, den vorzüglich G l u c k gewandelt ist, dessen Opernmusik daher, von den Ouvertüren abgesehen, ohne die Worte gar nicht genießbar ist. Ja, man kann sagen, die Oper sei zu einem Verderb der Musik geworden. Denn nicht nur, daß diese sich biegen und schmiegen muß, um sich dem Gange und den ungeregelten Vorgängen einer abgeschmackten Fabel anzupassen; nicht nur, daß durch die kindische und barbarische Pracht der Dekorationen und Kostüme, durch die Gaukeleien der Tänzer und die kurzen Röcke der Tänzerinnen der Geist von der Musik abgezogen und zerstreut wird: nein, sogar der Gesang selbst stört oft die Harmonie, sofern die vox humana, welche, musikalisch genommen, ein Instrument wie jedes andere ist, sich nicht den übrigen Stimmen koordinieren und einfügen, sondern schlechthin dominieren will. Zwar wo sie Sopran, oder Alto ist, geht dies sehr wohl an; weil ihr, in solcher Eigenschaft, die Melodie wesentlich und von Natur zukommt. Aber in den Baß- und Tenor-Arien fällt die leitende Melodie meistens den hohen Instrumenten zu; wobei denn der Gesang sich ausnimmt, wie eine vorlaute, an sich bloß harmonische Stimme, welche die Melodie überschreien will. Oder aber die Begleitung wird kontrapunktisch nach oben versetzt, ganz wider die Natur der Musik, um der Tenor- oder Baßstimme die Melodie zu erteilen: wobei dennoch das Ohr stets den höchsten Tönen, also der Begleitung, folgt. Ich bin wirklich der Meinung, daß Solo-Arien, mit Orchesterbegleitung, nur dem Alto oder Soprano angemessen sind, und man daher die Männerstimmen nur im Duetto mit jenen, oder in mehrstimmigen Stücken, anwenden sollte; es sei denn, daß sie ohne alle, oder mit einer bloßen Baß-Begleitung sängen. Die Melodie ist das natürliche Vorrecht der höchsten Stimme und muß es bleiben. Daher, wann, in der Oper, auf eine so erzwungene und erkünstelte Bariton- oder Baß-Arie eine Sopran-Arie folgt, wir sogleich, mit Befriedigung, das allein Natur- und Kunstgemäße dieser empfinden. Daß große Meister, wie M o z a r t und R o s s i n i, den Übelstand jener erstern zu mildern, ja, zu überwinden wissen, hebt ihn nicht auf.

Einen viel reineren musikalischen Genuß, als die Oper, gewährt die gesungene M e s s e, deren meistens unvernommene Worte, oder endlos wiederholte Halleluja, Gloria, Eleison, Amen usw. zu einem bloßen Solfeggio werden, in welchem die Musik, nur den allgemeinen Kirchencharakter bewahrend, sich frei ergeht und nicht, wie beim Operngesange, in ihrem eigenen Gebiete von Miseren aller Art beeinträchtigen wird, so daß sie hier ungehindert alle ihre Kräfte entwickelt, indem sie auch nicht, mit dem gedrückten puritanischen, oder methodistischen Charakter der protestantischen Kirchenmusik, stets auf dem Boden kreucht, wie die protestantische Moral, sondern sich frei und mit großen Flügelschlägen emporschwingt wie ein Seraph. Messe und Symphonie allein geben ungetrübten, vollen musikalischen Genuß; während in der Oper die Musik sich mit dem schalen Stück und seiner Afterpoesie elend herumquält und mit der ihr aufgelegten fremden Last durchzukommen sucht, so gut sie kann. Die höhnende Verachtung, mit welcher der große R o s s i n i bisweilen den Text behandelt hat, ist, wenn auch nicht gerade zu loben, doch echt musikalisch. — Überhaupt aber ist die große Oper, indem sie, schon durch ihre dreistündige Dauer, unsere musikalische Empfänglichkeit immer mehr abstumpft, während dabei der Schneckengang einer meistens sehr faden Handlung unsere Geduld auf die Probe stellt, an sich selbst, wesentlich und essentiell, langweiliger Natur; welcher Fehler nur durch die überschwängliche Vortrefflichkeit der einzelnen Leistung überwunden werden kann: daher sind in dieser Gattung die Meisterwerke allein genießbar und alles Mittelmäßige ist verwerflich. Auch sollte man suchen, die Oper mehr zu konzentrieren und zu kontrahieren, um sie, womöglich, auf einen Akt und eine Stunde zu beschränken. Im tiefen Gefühl der Sache war man in Rom, zu meiner Zeit, auf den schlechten Ausweg geraten, im Teatro della Valle, die Akte einer Oper und einer Komödie mit einander abwechseln zu lassen. Die längste Dauer einer Oper sollte zwei Stunden sein; die eines Drama's hingegen drei Stunden; weil die zu diesem erforderte Aufmerksamkeit und Geistesanspannung länger anhält, indem sie uns viel weniger angreift, als die unausgesetzte Musik, welche am Ende zu einer Nervenqual wird; daher jetzt der letzte Akt einer Oper, in der Regel, eine Marter der Zuhörer ist, und eine noch größere der Sänger und Musici; demnach man glauben könnte, hier eine zahlreiche Versammlung zu sehen, die zum Zwecke der Selbstpeinigung vereinigt, diesen mit Ausdauer verfolgt bis zum Schluß, welchem schon längst jeder im stillen entgegenseufzte, — mit Ausnahme der Deserteurs.

Die Ouvertüre soll zur Oper vorbereiten, indem sie den Charakter der Musik und auch den Verlauf der Vorgänge ankündigt: jedoch darf dies nicht zu explicit und deutlich geschehen, sondern nur so wie man im Traume das Kommende vorhersieht.

4.

Ein V a u d e v i l l e ist einem Menschen zu vergleichen, der in Kleidern paradiert, die er auf dem Trödel zusammengekauft hat: jedes Stück hat schon ein anderer getragen, für den es gemacht und dem es angemessen worden war: auch merkt man, daß sie nicht zusammengehören. — Dem analog ist eine, aus Fetzen, die man honetten Leuten vom Rocke abgeschnitten, zusammengeflickte Harlekinsjacke der Potpourri, — eine wahre musikalische Schändlichkeit, die von der Polizei verboten sein sollte.

5.

Es verdient bemerkt zu werden, daß in der Musik der Wert der Komposition den der Ausführung überwiegt; hingegen beim Schauspiel es sich gerade umgekehrt verhält. Nämlich eine vortreffliche Komposition, sehr mittelmäßig, nur eben rein und richtig ausgeführt, gibt viel mehr Genuß, als die vortrefflichste Ausführung einer schlechten Komposition. Hingegen leistet ein schlechtes Theaterstück, von ausgezeichneten Schauspielern gegeben, viel mehr, als das vortrefflichste, von Stümpern gespielt.

Die Aufgabe eines Schauspielers ist, die menschliche Natur darzustellen, nach ihren verschiedensten Seiten, in tausend höchst verschiedenen Charakteren, diese alle jedoch auf der gemeinsamen Grundlage s e i n e r, ein für allemal gegebenen und nie ganz auszulöschenden Individualität. Dieserwegen nun muß er selbst ein tüchtiges und ganz komplettes Exemplar der menschlichen Natur sein, am wenigsten aber ein so defektes, oder verkümmertes, daß es, nach Hamlets Ausdruck, nicht von der Natur selbst, sondern von einigen ihrer Handlanger verfertigt zu sein scheint. Dennoch wird ein Schauspieler jeden Charakter um so besser darstellen, je näher derselbe seiner eigenen Individualität steht, und am besten den, der mit dieser zusammentrifft; daher auch der schlechteste Schauspieler eine Rolle hat, die er vortrefflich spielt: denn da ist er, wie ein lebendiges Gesicht unter Masken.

Zu einem guten Schauspieler gehört 1. daß einer ein Mensch sei, der die Gabe hat, sein Inneres nach außen kehren zu können; 2. daß er hinreichende Phantasie habe, um fingierte Umstände und Begebenheiten so lebhaft zu imaginieren, daß sie sein Inneres erregen; 3. daß er Verstand, Erfahrung und Bildung in dem Maße habe, um menschliche Charaktere und Verhältnisse gehörig verstehen zu können.

II. Kurze Aufsätze und Bemerkungen.

1. AUS DEN „ANMERKUNGEN ZU KANT".

(N. 3. 84.)

Die Musik ist eine sehr abgesonderte Gattung des Schönen, sie kennt bloß die Zeit, indem diese ihre unmittelbare Bedingung ist, aber nichts von dem was in der Zeit geschieht. Sie ist nicht, wie andere Künste, eine Darstellung der Wirkungen des besseren Bewußtseins in der Sinnenwelt, sondern selbst eine dieser Wirkungen. Wie die Betrachtung der Natur, und der Architektur entreißt sie uns der Subjektivität: aber sie tut mehr und wirkt positiv (was wie gesagt auch jene tun).

Vergleicht man unser gesamtes Bewußtsein einer Kugel, so ist Musik vielleicht das Spiel ihrer kürzesten, dem Centro nächsten, Radien, die sonst viel langsamer bewegt werden (als Teile der langen Radien) von der Oberfläche aus. So viel ist gewiß, daß sie am unmittelbarsten das bessere Bewußtsein anregt, aber auch am fernsten vom Empirischen liegt. — Siehe den Aufsatz über die Stufenfolge der Künste.*)

2. PHILOSOPHIE UND KUNST.
(N. 4. 31.)

Arm und dürftig ist alle Wissenschaft, und ihr Weg ohne Ziel! — Aber die P h i l o s o p h i e verläßt ihn und tritt zu den K ü n s t e n über. Da wird sie sein, wie die Künste alle, reich und allgenugsam. — Seht den Musiker, wie er im Triumph seine Kunst übt, die ihre Allgenugsamkeit über ihn verbreitet. Bleiben da noch Zweifel und Skrupel zu lösen? Sie spricht auf ihre Weise die Welt aus und löset alle Rätsel. Keine Beziehung ohne Ende auf ein anderes macht hier, wie in der Wissenschaft, alles zum Bettel. Man begehrt nicht weiter, man hat alles, man ist am Ziel; allgenugsam ist diese Kunst, und die Welt ist vollständig wiederholt und ausgesprochen in ihr. Auch ist sie die erste, die königlichste der K ü n s t e. Wie die M u s i k zu werden ist das Ziel jeder Kunst. Aber auch die M a l e r e i löset ihre Aufgabe und ebenso die S k u l p t u r, ... auch die P o e s i e erreicht ihr Ziel und ist allgenugsam ... Doch ist nicht zu leugnen, daß so unmittelbar am Ziel, so ganz in jedem Teil, so allgenugsam und für alle Ewigkeit reich, wie die Musik, keine andere Kunst ist. Dafür aber liegt sie uns auch am fernsten, von unserm Jammer aus reicht keine Brücke zu ihr hinüber, und unser Leiden, unser Tun und Treiben

---

*) Welt als Wille und Vorstellung I, § 42—52, sowie den die Kunst behandelnden Teil vorliegenden Buches: Einführung und Präludium.

bleibt ihr ewig fremd: sie kommt und schwindet wie ein Traum, wir bleiben im Jammer. Die unvollkommneren Künste liegen unserm Leben näher und doch sind sie alle in ihrer Art der A l l g e n u g s a m k e i t teilhaft, die der K u n s t wesentlich ist, wie ewig unabhelfbare D ü r f t i g k e i t der W i s s e n s c h a f t. So soll also auch die P h i l o s o p h i e a l l g e n u g s a m werden, herausgehoben aus dem rastlosen Strom, der die Wissenschaften trägt, zur feststehenden ruhigen Kunst. . . .

3. VON DER MUSIK.
(N. 4. 398.)

Nach der langen Betrachtung über das Wesen der Musik empfehle ich Ihnen den Genuß dieser Kunst vor allen andern. Keine Kunst wirkt auf den Menschen so unmittelbar, so tief ein, als diese, eben weil keine uns das wahre Wesen der Welt so tief und unmittelbar erkennen läßt, als diese. Das Anhören einer großen, vollstimmigen und schönen Musik ist gleichsam ein Bad des Geistes: es spült alles Unreine, alles Kleinliche, alles Schlechte weg, stimmt jeden hinauf auf die höchste geistige Stufe, die seine Natur zuläßt: und während des Anhörens einer großen Musik fühlt jeder deutlich, was er im Ganzen wert ist, oder viel mehr, was er wert sein könnte. — Freilich verlangt jede Kunst, daß man die Empfänglichkeit für sie durch Bildung stärke: denn selbst das Ziel, die Absicht der Kunst lernt man erst kennen dadurch, daß man sie erreicht sehe. So fordert auch die Musik sehr viel Bildung, eben weil nur allmählich und durch Übung der Geist so viele und mannigfaltige Töne zugleich und schnell nacheinander fassen und kombinieren lernt. Wenn daher einer meint, mit all der bunten Musik wäre es für ihn nichts, er könne bloß Tanzmusik oder ein Lied zur Gitarre genießen; so ist dies eben Mangel an Bildung. Sie haben hier zu dieser Bildung und zu diesem Genuß die schönste Gelegenheit. Leider fehlt Kirchenmusik, die zur Grundlage der Einsicht in das Wesen der Musik und zur Grundlage der musikalischen Bildung das Beste ist. — Auch eignes Musizieren trägt viel bei zum Verständnis der Musik.

Hören und Spielen sei Ihnen auf jede Weise empfohlen, als Teilnahme an dieser heilsamen Kunst. Wer sich der Wissenschaft ergibt, muß seinen Geist im ganzen veredeln. Das fließt auf alles ein. Ein Musensohn, aus dem das Salz der Erde werden soll, muß auch in seinen Vergnügungen den Musen angehören und nur edle geistige Belustigungen suchen. — Spielen, Trinken u. dergl. überlassen Sie den Philistern. Wenden Sie lieber Geld und Zeit daran, in die Oper und ins Konzert zu gehen. Es ist doch ungleich edler und geziemender, wenn Vier sich setzen zu einem Quartett, als zu einer Partie Whist.

4. BEMERKUNGEN.

a. PERSÖNLICHES.

HAYDN UND ROMBERG.

(W. II. 617.)

Aus unserm Grundsatz (der Erblichkeit des Intellekts von der Mutter) scheint zu folgen, daß Söhne derselben

Mutter gleiche Geistesstärke haben und, wenn einer hochbegabt wäre, auch der andere es sein müßte. Mitunter ist es so: Beispiele sind die C a r r a c c i, Joseph und Michael H a y d n, Bernhard und Andreas R o m b e r g.

MOZART.
(W. II. 613.)

Daß die intellektuellen Eigenschaften des Vaters nicht auf den Sohn übergehen, beweisen sowohl die Väter als die Söhne der durch die eminentesten Fähigkeiten ausgezeichneten Männer, indem sie, in der Regel, ganz gewöhnliche Köpfe und ohne eine Spur der väterlichen Geistesgaben sind. Wenn nun aber gegen diese vielfach bestätigte Erfahrung einmal eine vereinzelte Ausnahme auftritt, wie z. B. P i t t und sein Vater Lord C h a t h a m eine darbieten; so sind wir befugt, ja genötigt, sie dem Zufall zuzuschreiben, obgleich derselbe, wegen der ungemeinen Seltenheit großer Talente, gewiß zu den außerordentlichsten gehört. Hier gilt jedoch die Regel: es ist unwahrscheinlich, daß das Unwahrscheinliche n i e geschehe. Zudem sind große Staatsmänner es ebenso sehr durch die Eigenschaften ihres Charakters, also durch das väterliche Erbteil, wie durch die Vorzüge ihres Kopfes. Hingegen von Künstlern, Dichtern und Philosophen, deren Leistungen allein es sind, die man dem eigentlichen G e n i e zuschreibt, ist mir kein jenem analoger Fall bekannt. Zwar war R a p h a e l s Vater ein Maler, aber kein großer; M o z a r t s Vater, wie auch sein Sohn, waren Musiker, jedoch nicht große. Wohl aber müssen wir es bewundern, daß das Schicksal, welches jenen beiden größten Männern ihrer Fächer nur eine sehr kurze Lebensdauer bestimmt hatte, gleichsam zur Kompensation, dafür sorgte, daß sie, ohne den bei andern Genies meistens eintretenden Zeitverlust in der Jugend zu erleiden, schon von Kindheit auf, durch väterliches Beispiel und Unterweisung, die nötige Anleitung in der Kunst, zu welcher sie ausschließlich bestimmt waren, erhielten, indem es sie schon in ihrer Werkstätte geboren werden ließ.

(N. 4. 41.)

Die Philosophie wird Kunst sein und, wie diese, nur wenigen wirklich dasein. Denn für die meisten sind weder Mozart noch Raphael, noch Shakespeare je dagewesen: eine unübersteigbare Kluft trennt diese auf immer von der Menge: wie die Nähe der Fürsten dem Pöbel unzugänglich ist. Den meisten ist der Don Juan nur ein angenehmes Geräusch, auf das sie im ganzen auch wenig hören und achtgeben, sondern sich unterdessen mit andern Dingen amüsieren, Raphaels Madonna eben ein Bild wie die andern, und Shakespeare ein mißlungener Kotzebue. Autorität läßt sie ihre Meinung nicht aussprechen. — Anders kann es auch mit der echten Philosophie nicht sein.

(N. 4. 272.)

Die schönen Künste durch Geldbelohnungen, Preisverteilungen, Akademien, Gesellschaften der Kunstfreunde, welche Stümpereien kaufen und ausspielen, — u. dergl. m., aufmuntern zu wollen, ist ganz zweckwidrig und gereicht der Kunst zum Nachteil. Denn dadurch muntert man die auf, welche nicht die Kunst, sondern das Geld lieben, und ruft sonach zahllose Machwerke der Unberufenen ins Dasein, deren unübersehbare Menge dem echten Talent das Bekanntwerden erschwert zumal da jene Geld-Künstler sich auf Mittel und Ränke verstehen, zu denen der Mann von Talent nicht geeignet ist...

Sind Correggio, Shakespeare, Mozart durch solche Belohnungen gediehen, oder haben sie in Armut gelebt und ihr Glück in der Kunst gefunden?

b. SACHLICHES.

DON JUAN.

(W. II. 199.)

Das philosophische Erstaunen ist im Grunde ein bestürztes und betrübtes: die Philosophie hebt, wie die Ouvertüre zum Don Juan, mit einem Mollakkord an. Hieraus ergibt sich, daß sie weder Spinozismus, noch Optimismus sein darf.

(N. 4. 42.)

Wäre die Philosophie Erkenntnis nach dem Satz vom Grunde, d. h. Erkenntnis einer Notwendigkeit der Folge aus dem Grund, dann wäre sie, einmal gefunden, für jeden ohne Unterschied da und jedem erreichbar, der sich nur Mühe und Zeit nicht verdrießen ließe. Wer könnte aber wohl je im Ernst glauben, daß die Erkenntnis, gegen welche jede andere von unendlich kleinem Wert ist, so ohne Unterschied der Person besitzbar wäre, während die Madonna Raphaels, der Don Juan Mozarts, der Hamlet Shakespeares und der Faust Goethes für jeden nur nach Maßgabe seines eigenen Wertes da sind; für die meisten fast gar nicht, die solche Werke nur auf Autorität verehren, ja nur aus dem heimlichen Bewußtsein, daß, ließen sie ihre eigene Meinung über den geringen Wert jener Produkte laut werden, sie nur ihre eigene Wertlosigkeit aufdecken würden. Daher ihnen die heimliche Freude genügen muß, die sie bei jedem Tadel eines Meisterwerks und seines Meisters empfinden — den Fall ausgenommen, wo sie ihre eigene Meinung schon abgegeben haben und natürlich sie gegen Widerspruch verteidigen: wo sie oft für das beste mit so viel Eifer streiten können als wäre es ihnen analog, d. h. recht schlecht . . .

GENERALBASS.
(W. I. 84.)

Obwohl sich sagen ließe, daß die Logik zum vernünftigen Denken sich verhält wie der Generalbaß zur Musik, und auch, wenn wir es weniger genau nehmen, wie die Ethik zur Tugend, oder die Ästhetik zur Kunst; so ist dagegen zu bedenken, daß noch kein Künstler es durch Studium der Ästhetik geworden ist, noch ein edler Charakter durch Studium der Ethik, daß lange vor Rameau richtig und schön komponiert wurde, und auch, daß man nicht den Generalbaß inne zu haben braucht, um Disharmonien zu bemerken: ebensowenig braucht man Logik zu wissen, um sich durch Trugschlüsse nicht täuschen zu lassen. Jedoch muß eingeräumt werden, daß, wenn auch nicht für die Beurteilung, dennoch für die Ausübung der musikalischen Komposition der Generalbaß von großem

Nutzen ist: sogar auch mögen, wenngleich in viel geringerem Grade, Ästhetik und selbst Ethik für die Ausübung einigen, wiewohl hauptsächlich negativen Nutzen haben, also auch ihnen nicht aller praktische Wert abzusprechen sein: aber von der Logik läßt sich nicht einmal so viel rühmen.

N O R M A.

(W. II. 511.)

Hier sei es erwähnt, daß selten die echt tragische Wirkung der Katastrophe, also die durch sie herbeigeführte Resignation und Geisteserhebung der Helden, so rein motiviert und deutlich ausgesprochen hervortritt, wie in der Oper N o r m a, wo sie eintritt in dem Duett Qual cor tradisti, qual cor perdesti, in welchem die Umwendung des Willens durch die plötzlich eintretende Ruhe der Musik deutlich bezeichnet wird. Überhaupt ist dieses Stück, — ganz abgesehen von seiner vortrefflichen Musik, wie auch andererseits von der Diktion, welche nur die eines Operntextes sein darf, — und allein seinen Motiven und seiner innern Ökonomie nach betrachtet, ein höchst vollkommenes Trauerspiel, ein wahres Muster tragischer Anlage der Motive, tragischer Fortschreitung der Handlung und tragischer Entwickelung, zusamt der über die Welt erhebenden Wirkung dieser auf die Gesinnung der Helden, welche dann auch auf den Zuschauer übergeht: ja, die hier erreichte Wirkung ist umso unverfänglicher und für das wahre Wesen des Trauerspiels bezeichnender, als keine Christen, noch christliche Gesinnungen darin vorkommen. —

ORCHESTER.

(N. 4. 181.)

Wie wir von einem Orchester, das sich vorbereitet eine große schöne Musik zu erheben, nur verworrene Töne, vorübereilende Anklänge, hin und wieder anhebende Tonstücke, die aber nicht vollendet werden, kurz Stückwerk aller Art hören; so im Leben scheinen nur Bruchstücke, schwache Anklänge, unvollendete Anfänge und Probestücke von Glückseligkeit, von einem befriedigten, genesenen, in sich reichen Zustande durch, aus dem Gewirre des Ganzen. —

Welches Stück auch einer im Orchester anhebt, er muß es fallen lassen, es gehört nicht her, es ist das rechte nicht, nicht das große und schöne, das kommen soll.

ZAUBERFLÖTE.

(W. IV. 462.)

Überhaupt aber ergeht es uns im Leben wie dem Wanderer, vor welchem, indem er vorwärts schreitet, die Gegenstände andere Gestalten annehmen, als sie von ferne zeigten, und sich gleichsam verwandeln, indem er sich nähert. Besonders geht es mit unseren Wünschen so. Oft finden wir etwas ganz anderes, ja, Besseres, als wir suchten; oft auch das Gesuchte selbst auf einem ganz anderen Wege, als den wir zuerst vergeblich danach eingeschlagen hatten. Zumal wird uns oft da, wo wir, Genuß, Glück, Freude suchten, statt ihrer Belehrung, Einsicht, Erkenntnis, — ein bleibendes, wahrhaftes Gut, statt eines vergänglichen und scheinbaren. Dies ist auch der Gedanke, welcher im Wilhelm Meister als Grundbaß durchgeht, indem dieser ein intellektueller Roman und eben dadurch höherer Art ist, als alle übrigen, sogar die von Walter Scott, als welche sämtlich nur ethisch sind, d. h. die menschliche Natur bloß von der Willens-Seite auffassen. Ebenfalls in der Zauberflöte, dieser grotesken, aber bedeutsamen und vieldeutigen Hieroglyphe, ist jener selbe Grundgedanke, in großen und groben Zügen, wie die der Theaterdekorationen sind, symbolisiert; sogar würde es vollkommen sein, wenn, am Schlusse, der Tamino, vom Wunsche, die Tamina zu besitzen, zurückgebracht, statt ihrer, allein die Weihe im Tempel der Weisheit verlangte und erhielte; hingegen seinem notwendigen Gegensatze, dem Papageno, richtig seine Papagena würde. —

[N. 4. 183.]

Ein Symbol ist ein Zentrum, von dem unzählige Radien ausgehen; ein Bild, in welchem jeder, nach seinem Standpunkt, etwas anderes erblickt und doch alle einig sind, dasselbe zu sehen.

Die Zauberflöte ist ein symbolisches Stück. —

Bald wird der Tod mich abfordern: es ist der unbekannte Führer, der mich in dieses Leben gebracht: ich zaudere nicht auf seinen Ruf: nichts heißt mich weilen; er ist mir unbekannt, doch folge ich mit Zutrauen: er ist gemeint in der Zauberflöte, als der Priester, der die Augendecke bringt, die er den Helden und Duldern überhängt, ehe er sie weiter führt. Die Zauberflöte ist ein symbolisches Stück.

La mort, mon cher, n'est autre chose, qu'un changement de décoration.

III. Einige Verse.

POLYHYMNIA.

(N. 4. 370.)

Es bauet sich im unruhvollen Leben
Ein neues Leben voller Ordnung auf,
Der Menschen plan- und grenzenloses Streben,
Der Zeiten eisern schonungsloser Lauf,
Die bösen Geister, die uns rings umschweben
Und tückisch jedem Glücke lauern auf,
Das alles ist gebannet und gewichen,
Durch einen Strom von Wohllaut ausgeglichen.

ANHANG

1. ÜBER DIE SINNE.
(W. II. 36.)

Von anderen Gesagtes zu wiederholen ist nicht der Zweck meiner Schriften: daher gebe ich hier nur einzelne, eigene Betrachtungen über die Sinne.

Die Sinne sind bloß die Ausläufe des Gehirns, durch welche es von außen den Stoff empfängt (in Gestalt der Empfindung), den es zur anschaulichen Vorstellung verarbeitet. Diejenigen Empfindungen, welche hauptsächlich zur o b j e k t i v e n Auffassung der Außenwelt dienen sollten, mußten an sich selbst weder angenehm noch unangenehm sein; dies besagt eigentlich, daß sie den Willen ganz unberührt lassen mußten. Außerdem nämlich würde die Empfindung selbst unsere Aufmerksamkeit fesseln und wir bei der W i r k u n g stehen bleiben, statt, wie hier bezweckt war, sogleich zur U r s a c h e überzugehen: so nämlich bringt es der entschiedene Vorrang mit sich, den, für unsere Beachtung, der W i l l e überall vor der bloßen Vorstellung hat, als welcher wir uns erst dann zuwenden, wann jener schweigt. Demgemäß sind Farben und Töne an sich selbst und so lange ihr Eindruck das normale Maß nicht überschreitet, weder schmerzliche, noch angenehme Empfindungen; sondern treten mit derjenigen Gleichgültigkeit auf, die sie zum Stoff rein objektiver Anschauungen eignet. Dies ist nämlich so weit der Fall, als es an einem Leibe, der an sich selbst durch und durch Wille ist, überhaupt möglich sein konnte, und ist eben in dieser Hinsicht bewunderungswert. Physiologisch beruht es darauf, daß in den Organen der edleren Sinne, also des Gesichts und Gehörs, diejenigen Nerven, welche den spezifischen äußern Eindruck aufzunehmen haben, gar keiner Empfindung von Schmerz fähig sind, sondern keine andere Empfindung, als die ihnen spezifisch eigentümliche, der bloßen Wahrnehmung dienende, kennen. Demnach ist die Retina, wie auch der optische Nerv, gegen jede Verletzung unempfindlich, und ebenso ist es der Gehörnerv: in beiden Organen wird Schmerz nur in den übrigen Teilen derselben, den Umgebungen des ihnen eigentümlichen Sinnesnerven, empfunden, nie in diesem selbst: beim Auge hauptsächlich in der conjunctiva; beim Ohr im meatus auditorius. Sogar mit dem Gehirn verhält es sich ebenso, indem dasselbe, wenn unmittelbar selbst, also von oben, angeschnitten, keine Empfindung davon hat. Also nur vermöge dieser ihnen eigenen Gleichgültigkeit in Bezug auf den Willen werden die Empfindungen des Auges geschickt, dem Verstande die so mannigfaltigen und so fein nüancierten Data zu liefern, aus denen er, mittelst Anwendung des Kausalitätsgesetzes und auf Grundlage der reinen Anschauungen Raum und Zeit, die wundervolle objektive Welt in unserm Kopfe aufbaut. Eben jene Wirkungslosigkeit der Farbenempfindungen auf den Willen befähigt sie, wann ihre Energie durch Transparenz erhöht ist, wie beim Abendrot, gefärbten Fenstern und dgl., uns sehr leicht in den Zustand der rein objektiven, willenslosen Anschauung zu versetzen, welche, wie ich im dritten Buche nachgewiesen habe, einen Hauptbestandteil des ästhetischen Eindrucks ausmacht. Eben diese Gleichgültigkeit in Bezug auf den Willen eignet die Laute, den Stoff der Bezeichnung für die endlose Mannigfaltigkeit der Begriffe der Vernunft abzugeben.

Indem der äußere Sinn, d. h. die Empfänglichkeit für äußere Eindrücke als reine Data für den Verstand, sich in fünf Sinne spaltete, richteten diese sich nach den vier Elementen, d. h. den vier Aggregationszuständen, nebst dem der Imponderabilität. So ist der Sinn für das Feste (Erde) das Getast, für das Flüssige (Wasser) der Geschmack, für das Dampfförmige, d. h. Verflüchtigte (Dunst, Duft) der Geruch, für das permanent Elastische (Luft) das Gehör, für das Imponderabile (Feuer, Licht) das Gesicht. Das zweite Imponderabile, Wärme, ist eigentlich kein Gegenstand der Sinne, sonder des Gemeingefühls, wirkt daher auch stets direkt auf den Willen, als angenehm oder unangenehm. Aus dieser Klassifikation ergibt sich auch die relative Dignität der Sinne. Das Gesicht hat den ersten Rang, sofern seine Sphäre die am weitesten reichende, und seine Empfänglichkeit die feinste ist; was darauf beruht, daß sein Anregendes ein Imponderabile, d. h. ein kaum noch Körperliches, ein quasi Geistiges, ist. Den zweiten Rang hat das Gehör, entsprechend der Luft. Inzwischen bleibt das Getast ein gründlicher und vielseitiger Gelehrter. Denn während die anderen Sinne uns jeder nur eine ganz einseitige Beziehung des Objekts, wie seinen Klang, oder sein Verhältnis zum Licht, angeben, liefert das, mit dem Gemeingefühl und der Muskelkraft fest verwachsene Getast dem Verstande die Data zugleich für die Form, Größe, Härte, Glätte, Textur, Festigkeit, Temperatur und Schwere der Körper, und dies alles mit der geringsten Möglichkeit des Scheines und der Täuschung, denen alle anderen Sinne weit mehr unterliegen. Die beiden niedrigsten Sinne, Geruch und Geschmack, sind schon nicht mehr frei von einer unmittelbaren Erregung des Willens d. h. sie werden stets angenehm oder unangenehm affiziert, sind daher mehr subjektiv als objektiv.

Die Wahrnehmungen des Gehörs sind ausschließlich in der Zeit: daher das ganze Wesen der Musik im Zeitmaß besteht, als worauf sowohl die Qualität oder Höhe der Töne, mittelst der Vibrationen, als die Quantität oder Dauer derselben, mittelst des Taktes, beruht. Die Wahrnehmungen des Gesichts hingegen sind zunächst und vorwaltend im Raume; sekundär, mittelst ihrer Dauer, aber auch in der Zeit.

Das Gesicht ist der Sinn des Verstandes, welcher anschaut, das Gehör der Sinn der Vernunft, welche denkt und vernimmt. Worte werden durch sichtbare Zeichen nur unvollkommen vertreten: daher zweifle ich, daß ein Taubstummer, der lesen kann, aber vom Laute der Worte keine Vorstellung hat, in seinem Denken mit den bloß sichtbaren Begriffszeichen so behende operiert, wie wir mit den wirklichen, d. h. hörbaren Worten. Wenn er nicht lesen kann, ist er bekanntlich fast dem unvernünftigen Tiere gleich; während der Blindgeborene, von Anfang an, ein ganz vernünftiges Wesen ist.

Das Gesicht ist ein aktiver, das Gehör ein passiver Sinn. Daher wirken Töne störend und feindlich auf unsern Geist ein, und zwar um so mehr, je tätiger und entwickelter dieser ist: sie zerreißen alle Gedanken, zerrütten momentan die Denkkraft. Hingegen gibt es keine analoge Störung durch das Auge, keine unmittelbare Einwirkung des Gesehenen, a l s s o l c h e n, auf die denkende Tätigkeit (denn natürlich ist hier nicht die Rede von dem Einfluß der erblickten Gegenstände auf den Willen); sondern die bunteste Mannigfaltigkeit von Dingen, vor unseren Augen, läßt ein ganz ungehindertes, ruhiges Denken zu. Demzufolge lebt der denkende Geist mit dem Auge in ewigem Frieden, mit dem Ohr in ewigem Krieg. Dieser Gegensatz der beiden Sinne bewährt sich auch darin, daß Taubstumme, wenn durch Galvanismus hergestellt, beim ersten Ton, den sie hören, vor Schrekken totenblaß werden (Gilberts „Annalen der Physik", Bd. 10, S. 382), operierte Blinde dagegen das erste Licht mit Entzücken erblicken, und nur ungern die Binde sich über die Augen legen lassen. Alles Angeführte aber ist daraus erklärlich, daß das Hören vermöge einer mechanischen Erschütterung des Gehörnervens vor sich geht, die sich sogleich bis ins Gehirn fortpflanzt, während hingegen das Sehen eine wirkliche A k t i o n der Retina ist, welche durch das Licht und seine Modifikationen bloß erregt und hervorgerufen wird: wie ich dies in meiner physiologischen Farbentheorie ausführlich gezeigt habe. Im Widerstreit hingegen steht dieser ganze Gegensatz mit der jetzt überall so unverschämt aufgetischten kolorierten Äther-Trommelschlag-Theorie, welche die Lichtempfindung des Auges zu einer mechanischen Erschütterung, wie die des Gehörs zunächst wirklich ist, erniedrigen will, während nichts heterogener sein kann, als die stille, sanfte Wirkung des Lichts und die Alarmtrommel des Gehörs. Setzen wir hiemit noch den besonderen Umstand in Verbindung, daß wir, obwohl mit zwei Ohren, deren Empfindlichkeit oft sehr verschieden ist, hörend, doch nie einen Ton doppelt vernehmen, wie wir mit zwei Augen oft doppelt sehen; so werden wir zu der Vermutung geführt, daß die Empfindung des Hörens nicht im Labyrinth, oder der Schnecke entsteht, sondern erst da, wo, tief im Gehirn, beide Gehörnerven zusammentreffen, wodurch der Eindruck einfach wird: dies aber ist da, wo der pons Varolii die medulla oblongata umfaßt, also an der absolut letalen Stelle, durch deren Verletzung jedes Tier augenblicklich getötet wird, und von wo der Gehörnerv nur einen kurzen Verlauf hat zum Labyrinth, dem Sitze der akustischen Erschütterung. Eben dieser sein Ursprung, an jener gefährlichen Stelle, von welcher auch alle Gliederbewegung ausgeht, ist Ursache, daß man bei einem plötzlichen Knall zusammenfährt; welches bei einer plötzlichen Erleuchtung, z. B. einem Blitz, keineswegs stattfindet. Der Sehnerv hingegen tritt viel weiter nach vorn aus seinen thalamis (wenn auch vielleicht sein erster Ursprung hinter diesen liegt) hervor, ist in seinem Fortgang überall von den vorderen Gehirn-lobis bedeckt, wiewohl stets von ihnen gesondert, bis er, ganz aus dem Gehirn hinausgelangt, sich in die Retina ausbreitet, auf welcher nun allererst die Empfindung, auf Anlaß des Lichtreizes, entsteht und daselbst wirklich ihren Sitz hat; wie dieses meine Abhandlung über das Sehen und die Farben beweist. Aus jenem Ursprung des Gehörnervens erklärt sich denn auch die große Störung, welche die Denkkraft durch

Töne erleidet, wegen welcher denkende Köpfe und überhaupt Leute von vielem Geist, ohne Ausnahme, durchaus kein Geräusch vertragen können. Denn es stört den beständigen Strom ihrer Gedanken, unterbricht und lähmt ihr Denken, eben weil die Erschütterung des Gehörnervens sich so tief ins Gehirn fortpflanzt, dessen ganze Masse daher die durch den Gehörnerven erregten Schwingungen dröhnend mitempfindet, und weil das Gehirn solcher Leute viel leichter beweglich ist, als das der gewöhnlichen Köpfe. Auf derselben großen Beweglichkeit und Leitungskraft ihres Gehirns beruht es gerade, daß bei ihnen jeder Gedanke alle ihm analogen, oder verwandten, so leicht hervorruft, wodurch eben ihnen die Ähnlichkeiten, Analogien und Beziehungen der Dinge überhaupt, so schnell und leicht in den Sinn kommen, daß derselbe Anlaß, den Millionen gewöhnlicher Köpfe vor ihnen gehabt, sie auf d e n Gedanken, auf d i e Entdeckung bringt, welche nicht gemacht zu haben die anderen, weil sie wohl nach-, aber nicht vordenken können, sich nachher verwundern: so schien die Sonne auf alle Säulen; aber nur Memnons Säule klang. Demgemäß waren Kant, Goethe, Jean Paul höchst empfindlich gegen jedes Geräusch, wie ihre Biographien bezeugen.*) Goethe kaufte, in seinen letzten Jahren, ein in Verfall geratenes Haus, neben dem seinigen, bloß damit er nicht den Lärm bei dessen Ausbesserung anzuhören hätte.

---

*) L i c h t e n b e r g sagt in seinen „Nachrichten und Bemerkungen von und über sich selbst" (Vermischte Schriften, Göttingen 1800, Bd. I, pag. 43): „Ich bin außerordentlich empfindlich gegen alles Getöse, allein es verliert ganz seinen widrigen Eindruck, sobald es mit einem vernünftigen Zwecke verbunden ist".

Vergebens also war er, schon in seiner Jugend, der Trommel nachgegangen, um sich gegen Geräusch abzuhärten. Es ist nicht Sache der Gewohnheit. Dagegen ist die wahrhaft stoische Gleichgültigkeit gewöhnlicher Köpfe gegen das Geräusch bewunderungswürdig: sie stört kein Lärm in ihrem Denken, oder beim Lesen, Schreiben u. dgl.; während der vorzügliche Kopf dadurch völlig unfähig gemacht wird. Aber eben das, was sie so unempfindlich macht gegen Lärm jeder Art, macht sie auch unempfindlich gegen das Schöne in den bildenden, und das tief Gedachte oder fein Ausgedrückte in den redenden Künsten, kurz, gegen alles, was nicht ihr persönliches Interesse angeht. Auf die paralysierende Wirkung, welche hingegen das Geräusch auf die Geistreichen ausübt, findet folgende Bemerkung L i c h t e nb e r g s Anwendung: „Es ist allemal ein gutes Zeichen, wenn Künstler von Kleinigkeiten gehindert werden können, ihre Kunst gehörig auszuüben. F..... steckte seine Finger in Hexenmehl, wenn er Klavier spielen wollte. — Den mittelmäßigen Kopf hindern solche Sachen nicht: — er führt gleichsam ein grobes Sieb." (Vermischte Schriften, Bd. 1, S. 398.) Ich hege wirklich längst die Meinung, daß die Quantität Lärm, die jeder unbeschwert vertragen kann, in umgekehrtem Verhältnis zu seinen Geisteskräften steht, und daher als das ungefähre Maß derselben betrachtet werden kann. Wenn ich daher auf dem Hofe eines Hauses die Hunde stundenlang unbeschwichtigt bellen höre, so weiß ich schon, was ich von den Geisteskräften der Bewohner zu halten habe. Wer habituell die Stubentüren, statt sie mit der Hand zu schließen, zuwirft, oder es in seinem Hause gestattet, ist nicht bloß ein ungezogener, sondern auch ein roher und bornierter Mensch. Daß im Englischen sensible auch „verständig" bedeutet, beruht demnach auf einer richtigen und feinen Beobachtung. Ganz zivilisiert werden wir erst sein, wann auch die Ohren nicht mehr vogelfrei sein werden und nicht mehr jedem das Recht zustehen wird, das Bewußtsein jedes denkenden Wesens, auf tausend Schritte in die Runde, zu durchschneiden mittelst Pfeifen, Heulen, Brüllen, Hämmern, Peitschenklatschen, Bellenlassen u. dgl. Die Sybariten hielten die lärmenden Handwerke außerhalb der Stadt gebannt: die ehrwürdige Sekte der Shakers in Nordamerika duldet kein unnötiges Geräusch in ihren Dörfern: von den Herrnhutern wird das Gleiche berichtet. /— Ein Mehreres über diesen Gegenstand findet man im dreißigsten Kapitel des zweiten Bandes der Parerga.*)

Aus der dargelegten p a s s i v e n Natur des Gehörs erklärt sich auch die so eindringende, so unmittelbare, so unfehlbare Wirkung der Musik auf den Geist, nebst der ihr bisweilen folgenden, in einer besondern Erhabenheit der Stimmung bestehenden Nachwirkung. Die in kombinierten, rationalen Zahlenverhältnissen erfolgenden Schwingungen der Töne versetzen nämlich die Gehirnfibern selbst in gleiche Schwingungen. Hingegen wird aus der dem Hören ganz entgegengesetzten a k t i v e n Natur des Sehens begreiflich, warum es kein Analogon der Musik für das Auge geben kann und das Farbenklavier ein lächerlicher Mißgriff war. Eben auch wegen der a k t i v e n Natur des Gesichtssinnes ist er bei den verfolgenden Tieren, also den Raubtieren, aus-

---
*) Anhang 4. Seite 182.

gezeichnet scharf, wie umgekehrt der p a s s i v e Sinn, das Gehör, bei den verfolgten, den fliehenden, furchtsamen Tieren; damit es von selbst ihnen den herbeieilenden, oder heranschleichenden Verfolger zeitig verrate.

Wie wir im Gesicht den Sinn des Verstandes, im Gehör den der Vernunft erkannt haben, so könnte man den Geruch den Sinn des Gedächtnisses nennen; weil er unmittelbarer, als irgend etwas anderes, den spezifischen Eindruck eines Vorganges, oder einer Umgebung, selbst aus der fernsten Vergangenheit, uns zurückruft.

2. DER TON.
(W. V. 186.)

Daß ein Ton, um hörbar zu sein, wenigstens sechzehn Schwingungen in der Sekunde machen muß, scheint mir daran zu liegen, daß seine Schwingungen dem Gehörnerven mechanisch mitgeteilt werden müssen, indem die Empfindung des Hörens nicht, wie die des Sehens, eine durch bloßen Eindruck auf den Nerven hervorgerufene Erregung ist, sondern erfordert, daß der Nerv selbst hin und her gerissen werde. Dieses muß daher mit einer bestimmten Schnelle und Kürze geschehen, welche ihn nötigt, kurz umzukehren, im scharfen Zickzack, nicht in geründeter Biegung. Zudem muß dies im Innern des Labyrinths und der Schnecke vor sich gehen; weil überall die Knochen der Resonanzboden der Nerven sind: die Lymphe jedoch, welche daselbst den Gehörnerven umgibt, mildert, als unelastisch, die Gegenwirkung des Knochens.

3. TÖNE UND FARBEN.
(W. VI. 45.)

Aus der Annahme eines, in ganzen und den ersten Zahlen ausdrückbaren Verhältnisses, und zwar allein daraus, erklärt es sich vollkommen, warum Gelb, Orange, Rot, Grün, Blau, Violett feste und ausgezeichnete Punkte im sonst völlig stetigen und unendlich nüancierten Farbenkreise, wie ihn der Äquator der Runge'schen Farbenkugel darstellt, sind, und man sie durch Beilegung besonderer Namen überall und von jeher dafür erkannt hat. Liegen ja doch zwischen ihnen unzählige Farbennüancen, deren jede eben so gut einen eigenen Namen haben könnte: worauf also beruht das Vorrecht jener sechs? Auf dem soeben angeführten Grunde, daß in ihnen die Bipartition der Tätigkeit der Retina sich in den einfachsten Brüchen darstellt. Gerade so, wie auf der Tonleiter, welche ja ebenfalls in einen von der untern zur obern Oktave, durch unmerkliche Übergänge, heulend aufsteigenden Ton sich auflösen läßt, die sieben Stufen abgesteckt sind (wodurch eben sie zur L e i t e r, scala, wird) und eigene Namen erhalten haben, abstrakt als Prime, Sekunde, Terz usw., konkret als ut, re, mi usw., bloß aus dem Grunde, daß die Schwingungen gerade dieser Töne in rationalem Zahlenverhältnis zu einander stehen. — Bemerkenswert ist es, daß schon Aristoteles gemutmaßt hat, daß dem Unterschiede der Farben, wie dem der Töne, ein Zahlenverhältnis zum Grunde liegen müsse und daß, je nachdem dasselbe rational oder irrational wäre, die Farben rein und unrein ausfielen. Nur weiß er nicht, worauf eigentlich dasselbe beruhen soll. Die Stelle steht im Buche de sensu et sensibili, c. 3, in der Mitte: εστι μεν ουν ούτως ύπολαβειν κ. τ. λ.; wobei ich bemerke, daß man vor τρια γαρ einzuschalten hat τα μεν.

(W. VI. 48.)

Unsere Prüfung der Reinheit einer gegebenen Farbe, z. B. ob dieses Gelb genau ein solches sei, oder aber ins Grüne, oder auch ins Orange falle, bezieht sich auf die genaue Richtigkeit des durch sie ausgedrückten Bruchs. Daß wir aber dies arithmetische Verhältnis durch das bloße Gefühl beurteilen können, erhält einen Beleg von der Musik, deren Harmonie auf den viel größeren und komplizierteren Zahlenverhältnissen der gleichzeitigen Schwingungen beruht, deren Töne wir jedoch, nach dem bloßen Gehöre, höchst genau und dennoch arithmetisch beurteilen; so daß jeder regelrecht beschaffene Mensch imstande ist, anzugeben, ob ein angeschlagener Ton die richtige Terz, Quint oder Oktav eines andern sei. Wie die sieben Töne der Skala sich von den unzähligen andern, der Möglichkeit nach, zwischen ihnen liegenden nur durch die Rationalität ihrer Vibrationszahlen auszeichnen; so auch die sechs mit eigenen Namen belegten Farben von den unzähligen zwischen ihnen liegenden nur durch die Rationalität und Simplicität des in ihnen sich darstellenden Bruches der Tätigkeit der Retina. Wie ich, ein Instrument stimmend, die Richtigkeit eines Tones dadurch prüfe, daß ich seine Quint oder Oktav anschlage; so prüfe ich die Reinheit einer vorliegenden Farbe dadurch, daß ich ihr physiologisches Spektrum hervorrufe, dessen Farbe oft leichter zu beurteilen ist, als sie selbst: so habe ich z. B., daß das Grün des Grases stark ins Gelbe fällt, erst daraus ersehen, daß das Rot seines Spektrums stark ins Violette zieht

4. ÜBER LÄRM UND GERÄUSCH.
(W. V. 678.)

K a n t hat eine Abhandlung über die l e b e n d i g e n K r ä f t e geschrieben: ich aber möchte eine Nänie und Threnodie über dieselben schreiben; weil ihr so überaus häufiger Gebrauch im Klopfen, Hämmern und Rammeln, mir mein Leben hindurch, zur täglichen Pein gereicht hat. Allerdings gibt es Leute, ja, recht viele, die hierüber lächeln; weil sie unempfindlich gegen Geräusch sind: es sind jedoch eben die, welche auch unempfindlich gegen Gründe, gegen Gedanken, gegen Dichtungen und Kunstwerke, kurz, gegen geistige Eindrücke jeder Art sind: denn es liegt an der zähen Beschaffenheit und handfesten Textur ihrer Gehirnmasse. Hingegen finde ich Klagen über die Pein, welche denkenden Menschen der Lärm verursacht, in den Biographien, oder sonstigen Berichten persönlicher Äußerungen fast aller großen Schriftsteller, z. B. Kant's, Goethe's, Lichtenberg's, Jean Paul's; ja, wenn solche bei irgend einem fehlen sollten, so ist es bloß, weil der Kontext nicht darauf geführt hat. Ich lege mir die Sache so aus: wie ein großer Diamant, in Stücke zerschnitten, an Wert nur noch eben so vielen kleinen gleichkommt; oder wie ein Heer, wenn es zersprengt, d. h. in kleine Haufen aufgelöst ist, nichts mehr vermag; so vermag auch ein großer Geist nicht mehr, als ein gewöhnlicher, sobald er unterbrochen, gestört, zerstreut, abgelenkt wird; weil seine Überlegenheit dadurch bedingt ist, daß er alle seine Kräfte, wie ein Hohlspiegel alle seine Strahlen, auf e i n e n Punkt und Gegenstand konzentriert; und hieran eben verhindert ihn die lärmende Unterbrechung. Darum also sind die eminenten Geister stets jeder Störung, Unterbrechung und Ablenkung, vor allem aber der gewaltsamen durch Lärm, so höchst abhold gewesen; während die übrigen dergleichen nicht sonderlich anficht. Die verständigste und geistreichste aller europäischen Nationen hat sogar die Regel never interrupt, — „du sollst niemals unterbrechen", — das elfte Gebot genannt. Der Lärm aber ist die impertinenteste aller Unterbrechungen, da er sogar unsere eigenen Gedanken unterbricht, ja, zerbricht. Wo jedoch nichts zu unterbrechen ist, da wird er freilich nicht sonderlich empfunden werden. — Bisweilen quält und stört ein mäßiges und stetiges Geräusch mich eine Weile, ehe ich seiner mir deutlich bewußt werde, indem ich es bloß als eine konstante Erschwerung meines Denkens, wie einen Block am Fuße, empfinde, bis ich inne werde, was es sei. —

Nunmehr aber, vom genus auf die species übergehend, habe ich, als den unverantwortlichsten und schändlichsten Lärm, das wahrhaft infernale Peitschenklatschen, in den hallenden Gassen der Städte, zu denunzieren, welches dem Leben alle Ruhe und alle Sinnigkeit benimmt. Nichts gibt mir von dem Stumpfsinn und der Gedankenlosigkeit der Menschen einen so deutlichen Begriff, wie das Erlaubtsein des Peitschenklatschens. Dieser plötzliche, scharfe, hirnlähmende, alle Besinnung zerschneidende und gedankenmörderische Knall muß von jedem, der nur irgend etwas, einem Gedanken Ähnliches im Kopfe herumträgt, schmerzlich empfunden werden; jeder solcher Knall muß daher Hunderte in ihrer geistigen Tätigkeit, so niedriger Gattung sie auch immer sein mag, stören: dem Denker aber fährt er durch seine Meditationen so schmerzlich und verderblich, wie das Richtschwert zwischen Kopf und Rumpf. Kein Ton durchschneidet so scharf das Gehirn, wie dieses vermaledeite Peitschenklatschen: man fühlt geradezu die Spitze der Peitschenschnur im Gehirn, und es wirkt auf dieses wie die Berührung auf die mimosa pudica; auch eben so nachhaltig. Bei allem Respekt vor der hochheiligen Nützlichkeit sehe ich doch nicht ein, daß ein Kerl, der eine Fuhr Sand oder Mist von der Stelle schafft, dadurch das Privilegium erlangen soll, jeden etwa aufsteigenden Gedanken, in sukzessive zehntausend Köpfen (eine halbe Stunde Stadtweg) im Keime zu ersticken. Hammerschläge, Hundegebell und Kindergeschrei sind entsetzlich; aber der rechte Gedankenmörder ist allein der Peitschenknall. Jeden guten, sinnigen Augenblick, den etwa hier und da irgend einer hat, zu zermalmen ist seine Bestimmung. Nur wenn, um Zugtiere anzutreiben, kein anderes Mittel vorhanden wäre, als dieser abscheulichste aller Klänge, würde er zu entschuldigen sein. Aber ganz im Gegenteil: dieses vermaledeite Peitschenklatschen ist nicht nur unnötig, sondern sogar unnütz. Die durch dasselbe beabsichtigte psychische Wirkung auf die Pferde nämlich ist durch die Gewohnheit, welche der unablässige Mißbrauch der Sache herbeigeführt hat, ganz abgestumpft und bleibt aus: sie beschleunigen ihren Schritt nicht danach: wie besonders an leeren und

Kunden suchenden Fiakern, die, im langsamsten Schritte fahrend, unaufhörlich klatschen, zu ersehen ist: die leiseste Berührung mit der Peitsche wirkt mehr. Angenommen aber, daß es unumgänglich nötig wäre, die Pferde durch den Schall beständig an die Gegenwart der Peitsche zu erinnern, so würde dazu ein hundertmal schwächerer Schall ausreichen; da bekanntlich die Tiere sogar auf die leisesten, ja auf kaum merkliche Zeichen, hörbare wie sichtbare, achten; wovon abgerichtete Hunde und Kanarienvögel staunenerregende Beispiele liefern. Die Sache stellt demnach sich eben dar als reiner Mutwille, ja, als ein frecher Hohn des mit den Armen arbeitenden Teiles der Gesellschaft gegen den mit dem Kopfe arbeitenden. Daß eine solche Infamie in Städten geduldet wird ist eine große Barbarei und eine Ungerechtigkeit; umsomehr, als es gar leicht zu beseitigen wäre, durch polizeiliche Verordnung eines Knotens am Ende jeder Peitschenschnur. Es kann nicht schaden, daß man die Proletarier auf die Kopfarbeit der über ihnen stehenden Klassen aufmerksam mache: denn sie haben vor aller Kopfarbeit eine unbändige Angst. Daß nun aber ein Kerl, der mit ledigen Postpferden, oder auf einem losen Karrengaul, die engen Gassen einer volkreichen Stadt durchreitend, mit einer klafterlangen Peitsche aus Leibeskräften unaufhörlich klatscht, nicht verdiene, sogleich abzusitzen, um fünf aufrichtig gemeinte Stockprügel zu empfangen, das werden mir alle Philanthropen der Welt, nebst den legislativen, sämtlichen Leibesstrafen, aus guten Gründen, abschaffenden Versammlungen, nicht einreden. Aber etwas noch stärkeres, als jenes, kann man oft genug sehen, nämlich so einen Fuhrknecht, der allein und ohne Pferde, durch die Straßen gehend, unaufhörlich klatscht: so sehr ist diesem Menschen der Peitschenklatsch zur Gewohnheit geworden, infolge unverantwortlicher Nachsicht. Soll denn, bei der so allgemeinen Zärtlichkeit für den Leib und alle seine Befriedigungen, der denkende Geist das einzige sein, was nie die geringste Berücksichtigung, noch Schutz, geschweige Respekt erfährt? Fuhrknechte, Sackträger, Eckensteher u. dgl. sind die Lasttiere der menschlichen Gesellschaft; sie sollen durchaus human, mit Gerechtigkeit, Billigkeit, Nachsicht und Vorsorge behandelt werden: aber ihnen darf nicht gestattet sein, durch mutwilligen Lärm den höheren Bestrebungen des Menschengeschlechts hinderlich zu werden. Ich möchte wissen, wie viel große und schöne Gedanken diese Peitschen schon aus der Welt geknallt haben. Hätte ich zu befehlen, so sollte in den Köpfen der Fuhrknechte ein unzerreißbarer nexus idearum zwischen Peitschenklatschen und Prügelkriegen erzeugt werden. — Wir wollen hoffen, daß die intelligenteren und feiner fühlenden Nationen auch hierin den Anfang machen und dann, auf dem Wege des Beispiels, die Deutschen ebenfalls dahin werden gebracht werden.*) Von diesen sagt inzwischen T h o m a s H o o d (up the Rhine) for a musical people, they are the most noisy I ever met with (für eine musikalische Nation, sind sie die lärmendste, welche mir je vorgekommen). Daß sie dies sind, liegt aber nicht daran, daß sie mehr als andere zum Lärmen geneigt wären,

---

*) Nach einer „Bekanntmachung des Münchener Tierschutzvereins" vom Dezember 1858 ist in Nürnberg das überflüssige Peitschen und Knallen strengstens verboten.

sondern an der aus Stumpfheit entspringenden Unempfindlichkeit derer, die es anzuhören haben, als welche dadurch in keinem Denken oder Lesen gestört werden, weil sie eben nicht denken, sondern bloß rauchen, als welches ihr Surrogat für Gedanken ist. Die allgemeine Toleranz gegen unnötigen Lärm, z. B. gegen das so höchst ungezogene und gemeine Türenwerfen, ist geradezu ein Zeichen der allgemeinen Stumpfheit und Gedankenleere der Köpfe. In Deutschland ist es, als ob es ordentlich darauf angelegt wäre, daß vor Lärm niemand zur Besinnung kommen solle: z. B. das zwecklose Trommeln.

Was nun endlich die Literatur des in diesem Kapitel abgehandelten Gegenstandes betrifft; so habe ich nur e i n Werk, aber ein schönes, zu empfehlen, nämlich eine poetische Epistel in Terzerimen, von dem berühmten Maler B r o n z i n o, betitelt de' romori, a Messer Luca Martini: hier wird nämlich die Pein, die man von dem mannigfaltigen Lärm einer italienischen Stadt auszustehen hat, in tragikomischer Weise, ausführlich und sehr launig geschildert. Man findet diese Epistel S. 258 des zweiten Bandes der Opere burlesche del Berni, Aretino ed altri, angeblich erschienen in Utrecht, 1771.

5. ÜBER URTEIL, KRITIK, BEIFALL UND RUHM.
(W. V. 479.) Auswahl.

1.

Zum Maßstab eines G e n i e's soll man nicht die Fehler in seinen Produktionen, oder die schwächeren seiner Werke nehmen, um es dann danach tief zu stellen; sondern bloß sein Vortrefflichstes. Denn auch im Intellektuellen klebt Schwäche und Verkehrtheit der menschlichen Natur so fest an, daß selbst der glänzendste Geist nicht durchweg jederzeit von ihnen frei ist. Daher die großen Fehler, welche sogar in den Werken der größten Männer sich nachweisen lassen, und Horazens quandoque bonus dormitat Homerus. Was hingegen das Genie auszeichnet und daher sein Maßstab sein sollte, ist die Höhe, zu der es sich, als Zeit und Stimmung günstig waren, hat aufschwingen können, und welche den gewöhnlichen Talenten ewig unerreichbar bleibt. Imgleichen ist es sehr mißlich, große Männer in derselben Gattung, also etwa große Dichter, große Musiker, Philosophen, Künstler miteinander zu vergleichen; weil man dabei, fast unvermeidlich, wenigstens für den Augenblick, ungerecht wird. Alsdann nämlich faßt man den eigentümlichen Vorzug des einen ins Auge und findet sofort, daß er dem andern abgeht; wodurch dieser herabgesetzt wird. Aber geht man wiederum von dem diesem andern eigentümlichen, ganz anderartigen Vorzug aus; so wird man vergeblich nach ihm bei jenem ersteren suchen; so daß demnach jetzt dieser ebenfalls unverdiente Herabsetzung erleidet.

2.

Kritiker gibt es, deren jeder vermeint, bei ihm stände es, was gut und was schlecht sein solle; indem er seine Kindertrompete für die Posaune der Fama hält. —

Wie eine Arznei nicht ihren Zweck erwirkt, wann die Dosis zu stark gewesen; ebenso ist es mit S t r a f r e d e n und K r i t i k e n, wenn sie das Maß der Gerechtigkeit überschreiten.

3.

Dem Echten und Vortrefflichen steht, bei seinem Auftreten, zunächst das Schlechte im Wege, von welchem es seinen Platz bereits eingenommen findet, und das eben für jenes gilt. Wenn es nun auch, nach langer Zeit und hartem Kampfe, ihm wirklich gelingt, den Platz für sich zu vindizieren und sich in Ansehen zu bringen; so wird es wieder nicht lange dauern, bis sie mit irgend einem manierierten, geistlosen, plumpen Nachahmer herangeschleppt kommen, um, ganz gelassen, ihn neben das Genie, auf den Altar zu setzen: denn sie sehen den Unterschied nicht, sondern meinen ganz ernstlich, das wäre nun wieder auch so einer.

Künstler und Dichter haben freilich besseres Spiel, als die Denker; weil ihr Publikum wenigstens hundertmal größer ist. Dennoch, was galten Mozart und Beethoven bei ihren Lebzeiten? was Dante? was selbst Shakespeare?

Allerdings wird, mit der Zeit, jedem volle Gerechtigkeit (tempo è galant-uomo), allein so spät und langsam, wie weiland vom Reichskammergericht, und die stillschweigende Bedingung ist, daß er nicht mehr lebe. Denn die Vorschrift des Jesus Sirach (Kap. 11, 28): ante mortem ne laudes hominem quemquam wird treulich befolgt. Da muß denn wer unsterbliche Werke geschaffen hat, zu seinem Trost, den indischen Mythos auf sie anwenden, daß die Minuten des Lebens der Unsterblichen, auf Erden, als Jahre erscheinen und ebenso die Erdenjahre nur Minuten der Unsterblichen sind.

Der hier beklagte Mangel an Urteilskraft zeigt sich

denn auch darin, daß in jedem Jahrhundert zwar das Vortreffliche der früheren Zeit verehrt, das der eigenen aber verkannt und die diesem gebührende Aufmerksamkeit schlechten Machwerken geschenkt wird, mit denen jedes Jahrzehnt sich herumträgt, um vom folgenden dafür ausgelacht zu werden. Daß nun also die Menschen das echte Verdienst, wenn es in ihrer eigenen Zeit auftritt, so schwer erkennen, beweist aber, daß sie auch die längst anerkannten Werke des Genies, welche sie auf Auktorität verehren, weder verstehen, noch genießen, noch eigentlich schätzen.

4.

Wie nun aber doch die Sonne eines Auges bedarf, um zu leuchten, die Musik eines Ohres, um zu tönen; so ist auch der Wert aller Meisterwerke, in Kunst und Wissenschaft, bedingt durch den verwandten, ihnen gewachsenen Geist, zu dem sie reden. Nur er besitzt das Zauberwort, wodurch die in solche Werke gebannten Geister rege werden und sich zeigen. Der gemeine Kopf steht vor ihnen, wie vor einem verschlossenen Zauberschrank, oder vor einem Instrumente, das er nicht zu spielen versteht, dem er daher nur ungeregelte Töne entlockt; wie gern er auch hierüber sich selber täuscht. Und wie dasselbe Ölgemälde, gesehen in einem finsteren Winkel, oder aber wann die Sonne darauf scheint, — so verschieden ist der Eindruck desselben Meisterwerks, nach Maßgabe des Kopfes, der es auffaßt. Demnach bedarf ein schönes Werk eines empfindenden Geistes, ein gedachtes Werk eines denkenden Geistes, um wirklich dazusein und zu leben. Allein, nur gar zu oft kann dem, der ein solches Werk in die Welt schickt, nachher zu Mute werden, wie einem Feuerwerker, der sein lange und mühsam vorbereitetes Erzeugnis endlich mit Enthusiasmus abgebrannt hat und dann erfährt, daß er damit an den unrechten Ort gekommen, und sämtliche Zuschauer die Zöglinge der Blindenanstalt gewesen seien. Und doch ist er so immer noch besser daran, als wenn er ein Publikum von lauter Feuerwerkern gehabt hätte; da, in diesem Fall, wenn seine Leistung außerordentlich gewesen, sie ihm den Hals hätte kosten können.

5.

Die Quelle alles Wohlgefallens ist die Homogeneität. Schon dem Schönheitssinn ist die eigene Spezies und in dieser wieder die eigene Rasse, unbedenklich die schönste. Auch im Umgang zieht jeder den ihm Ähnlichen entschieden vor; so daß einem Dummkopf die Gesellschaft eines andern Dummkopfs ungleich lieber ist, als die aller großen Geister zusammengenommen. Jedem müssen sonach zuvörderst seine eigenen Werke am besten gefallen, weil sie eben nur der Spiegelreflex seines eigenen Geistes und das Echo seiner Gedanken sind. Demnächst aber werden jedem die Werke der ihm Homogenen zusagen, also wird der Platte, Seichte, Verschrobene, in bloßen Worten Kramende nur dem Platten, Seichten, Verschrobenen und dem bloßen Wortkram seinen aufrichtigen, wirklich gefühlten Beifall zollen; die Werke der großen Geister hingegen wird er allein auf Auktorität, d. h. durch Scheu gezwungen, gelten lassen; während sie ihm, im Herzen, mißfallen. „Sie sprechen ihn nicht an", ja, sie widerstehen ihm: Dies wird er jedoch nicht einmal sich selber eingestehen. Nur schon bevorzugte Köpfe können die Werke des Genies wirklich genießen: zum ersten Erkennen derselben aber, wann sie noch ohne Auktorität dastehen, ist bedeutende Überlegenheit des Geistes erfordert. Demnach hat man, dies alles wohl erwogen, sich nicht zu wundern, daß sie so spät, vielmehr daß sie jemals Beifall und Ruhm erlangen. Dies geschieht nur auch eben durch einen langsamen und komplizierten Prozeß, indem nämlich jeder schlechte Kopf allmählich, gezwungen und 'gleichsam gebändigt, das Übergewicht des zunächst über ihm stehenden anerkennt und so aufwärts, wodurch es nach und nach dahin kommt, daß das bloße Resultat des G e - w i c h t e s der Stimmen das der Z a h l derselben überwältigt; welches eben die Bedingung alles echten, d. h. verdienten Ruhmes ist. Bis dahin aber kann das größte Genie, auch nachdem es seine Proben abgelegt hat, so dastehen, wie ein König stände unter einer Schar seines eigenen Volkes, die ihn aber nicht persönlich kennt und daher ihm nicht Folge leisten wird, wann seine obersten Staatsdiener ihn nicht begleiten. Denn kein subalterner Beamter ist fähig, seinen Befehl direkt zu empfangen. Ein solcher kennt nämlich nur die Unterschrift seines Vorgesetzten, wie dieser die des seinigen, und so aufwärts, bis ganz oben, wo der Kabinettssekretär die Unterschrift des Ministers und dieser die des Königs attestiert. Durch analoge Zwischenstufen ist der Ruhm des Genies bei der Menge bedingt. Daher auch stockt der Fortgang desselben am leichtesten im Anfang; weil die oberen Behörden, deren nur wenige sein können, am häufigsten fehlen: je weiter hingegen abwärts, an desto mehrere zugleich ist der Befehl gerichtet; daher er nun nicht mehr ins Stocken gerät.

Über diesen Hergang müssen wir uns damit trösten, daß es noch für ein Glück zu erachten ist, wenn die allermeisten Menschen n i c h t aus eigenen Mitteln, sondern bloß auf fremde Auktorität, urteilen. Denn was für Urteile würden über Plato und Kant, über Homer, Shakespeare und Goethe ergehen, wenn jeder nach dem urteilte, was er wirklich an ihnen hat und genießt, und nicht vielmehr die zwingende Auktorität ihn sagen ließe was sich ziemt, so wenig es ihm auch vom Herzen gehen mag. Ohne solches Bewandtnis der Sache wäre für wahres Verdienst, in hoher Gattung, gar kein Ruhm zu erlangen möglich. Dabei ist ein zweites Glück, daß jeder doch noch so viel eigenes Urteil hat, als nötig ist, um die Superiorität des zunächst über ihm Stehenden zu erkennen und dessen Auktorität zu befolgen; wodurch denn zuletzt die Vielen sich der Auktorität der Wenigen unterwerfen und jene Hierarchie der Urteile zustande kommt, auf der die Möglichkeit des festen und endlich weit reichenden Ruhmes beruht. Für die unterste Klasse, der die Verdienste eines großen Geistes ganz unzugänglich sind, ist am Ende bloß das Monument, als welches in ihr, durch einen sinnlichen Eindruck, eine dumpfe Ahndung davon erregt.

6.

Nicht weniger jedoch, als die Urteilslosigkeit, steht dem Ruhme des Verdienstes in hoher Gattung der N e i d entgegen; er, der ja selbst in den niedrigsten demselben schon beim ersten Schritte sich entgegenstellt und bis zum letzten nicht von ihm weicht; daher denn eben er zur Schlechtigkeit des Laufes der Welt ein Großes beiträgt und Ariosto Recht erhält, sie zu bezeichnen als

<blockquote>
queuta assai più oscura, che serena
Vita mortal, tutta d'invidia piena.
</blockquote>

Der Neid nämlich ist die Seele des überall florierenden, stillschweigend und ohne Verabredung zusammenkommenden Bundes aller Mittelmäßigen, gegen den einzelnen Ausgezeichneten, in jeder Gattung. Einen solchen nämlich will keiner in seinem Wirkungskreise wissen, in seinem Bereiche dulden: sondern si quelqu'un excelle parmi nous, qu'il aille exceller ailleurs, ist die einmütige Losung der Mittelmäßigkeit allüberall. Zur Seltenheit des Vortrefflichen und zur Schwierigkeit, die es findet, verstanden und erkannt zu werden, kommt also noch jenes übereinstimmende Wirken des Neides Unzähliger, es zu unterdrücken, ja, womöglich, es ganz zu ersticken.*)

Sobald daher, in irgend einem Fache, ein eminentes Talent sich spüren läßt, sind alle Mediokren des Faches einhellig bemüht, es zuzudecken, ihm die Gelegenheit zu benehmen und auf alle Weise zu verhindern, daß es bekannt werde, sich zeige und an den Tag komme; nicht anders, als wäre es ein Hochverrat, begangen an ihrer

---

*) Keiner gilt für das, was er ist, sondern für das, was Andere aus ihm machen. Dies ist die Handhabe zur Unterdrückung ausgezeichneter Geister durch die Mediokren: sie lassen jene (so lange wie möglich) nicht a u f k o m m e n.

Gegen Verdienste gibt es zwei Verhaltungsweisen: entweder welche zu haben, oder keine gelten zu lassen. Die letztere wird, wegen größerer Bequemlichkeit meistens vorgezogen.

Unfähigkeit, Plattheit und Stümperhaftigkeit. Meistens hat ihr Unterdrückungssystem, geraume Zeit hindurch, guten Erfolg; weil gerade das Genie, welches seine Sache, mit kindlichem Zutrauen, ihnen darreicht, damit sie Freude daran haben möchten, den Schlichen und Ränken niederträchtiger Seelen, die nur im Gemeinen, dort aber vollkommen zuhause sind, am wenigsten gewachsen ist, ja, sie nicht einmal ahndet, noch versteht, und daher alsdann, über den Empfang betreten, vielleicht an seiner Sache zu zweifeln anfängt, dadurch aber an sich selber irre werden und seine Bestrebungen aufgeben kann, wenn ihm nicht noch zu rechter Zeit die Augen aufgehen, über jene Nichtswürdigen und ihr Treiben. Man sehe, — um die Beispiele nicht zu sehr in der Nähe, noch auch in schon fabelhafter Ferne zu suchen, — wie der Neid deutscher Musiker, ein Menschenalter hindurch, sich gesträubt hat, das Verdienst des großen R o s s i n i anzuerkennen; bin ich doch einmal Zeuge gewesen, daß man, an einer großen, konstituierten Liedertafel, nach der Melodie seines unsterblichen di tanti palpiti, zum Hohn, die Speisekarte absang. Ohnmächtiger Neid! Die Melodie überwand und verschlang die gemeinen Worte. Und so haben, allem Neid zum Trotz, Rossini's wundervolle Melodien sich über den ganzen Erdball verbreitet und jedes Herz erquickt, wie damals, so noch heute und in secula seculorum. — Demgemäß ist denn auch die Tugend der Bescheidenheit bloß zur Schutzwehr gegen den Neid erfunden worden. Daß es allemal Lumpe sind, die auf Bescheidenheit dringen und sich so herzinniglich über die B e s c h e i d e n h e i t eines Mannes von Verdienst freuen, habe ich auseinandergesetzt in meinem Hauptwerke, Bd. 2, Kap. 37, S. 426. (3. Aufl. 487.) Goethe's bekannter und vielen ärgerlicher Ausspruch „nur die Lumpe sind bescheiden" hat schon einen alten Vorgänger, beim Cervantes, als welcher, unter den seiner „Reise auf den Parnaß" angehängten Verhaltungsregeln für Dichter, auch diese gibt: que todo poeta, á quien sus versos hubieren dado á entender que lo es, se estime y tenga en mucho, ateniendose á aquel refran: ruin sea el que por ruin se tiene (Jeder Dichter, dem seine Verse zu verstehen gegeben haben, daß er einer ist, achte und schätze sich hoch, sich an das Sprichwort haltend: ein Lump sei, wer sich für einen Lump hält). — Shakespeare deklariert, in vielen seiner Sonette, als wo allein er von sich sprechen konnte, mit ebenso viel Sicherheit, wie Unbefangenheit, was er schreibt für unsterblich.

Ein vom Neide häufig gebrauchtes Mittel zur Herabsetzung des Guten, im Grunde sogar die bloße Kehrseite derselben, ist das ehr- und gewissenlose Lobpreisen des Schlechten: denn sobald das Schlechte Geltung erhält, ist das Gute verloren. So wirksam daher dieses Mittel, besonders wenn ins Große getrieben, auf eine Weile ist, so kommt am Ende doch die Zeit der Abrechnung, und der vorübergehende Kredit, in den es die schlechten Produktionen gesetzt hatte, wird durch den bleibenden Diskredit der niederträchtigen Lober desselben bezahlt; weshalb sie gern sich anonym halten.

Da dieselbe Gefahr auch dem direkten Herabsetzen und Tadeln des Guten, wenngleich schon aus größerer Entfernung, droht; so sind viele zu klug, als daß sie zu diesem sich entschlössen. Daher ist die nächste Folge des Auftretens eines eminenten Verdienstes oft nur, daß sämtliche dadurch so tief, wie die Vögel durch den Pfauenschweif, gekränkte Mitbewerber in ein tiefes Stillschweigen versetzt werden, so einmütig, wie auf Verabredung: ihrer aller Zungen sind gelähmt: es ist das silentium livoris des Seneka. Bei diesem hämischen und tückischen Schweigen, dessen terminus technicus I g n o r i e r e n heißt, kann es lange sein Bewenden haben, wann, wie dies in höheren Wissenschaften der Fall ist, das n ä c h s t e Publikum solcher Leistung aus lauter Mitbewerbern (Leuten vom Fach) besteht und folglich das größere Publikum sein Stimmrecht nur mittelbar, durch diese, ausübt, nicht selbst untersucht. Wird nun aber dennoch jenes silentium livoris endlich einmal vom Lobe unterbrochen, so wird auch dieses nur selten ohne alle Nebenabsichten der hier die Gerechtigkeit Handhabenden geschehen:

> „Denn es ist kein Anerkennen,
> Weder Vieler, noch des Einen,
> Wenn es nicht am Tage fördert,
> Wo man selbst was möchte scheinen."
>
> W. O. Divan.

Jeder nämlich muß den Ruhm, welchen er einem andern seines, oder eines verwandten Faches erteilt, im Grunde sich selber entziehen: er kann nur auf Kosten seiner eigenen Geltung rühmen. Demzufolge sind schon an und für sich die Menschen zum Loben und Rühmen gar nicht geneigt und aufgelegt, wohl aber zum Tadeln und Lästern, als durch welches sie indirekt sich selbst loben. Soll es nun dennoch zu jenem erstern kommen; so müssen andere Rücksichten und Motive obwalten. Da nun hier nicht der Schandweg der Kamaraderie gemeint sein kann; so ist die alsdann wirksame Rücksicht diese, daß was dem Verdienste eigener Leistungen am nächsten steht die richtige Würdigung und Anerkennung der fremden ist; gemäß der von Hesiodus und Macchiavelli aufgestellten dreifachen Rangordnung der Köpfe. (Siehe „Vierfache Wurzel des Satzes vom Grunde", 2. Aufl. S. 50.) Wer nun, seinen Anspruch auf die erste Klasse durchzusetzen, die Hoffnung aufgibt, wird gern die Gelegenheit ergreifen, eine Stelle in der zweiten einzunehmen. Fast allein hierauf beruht die Sicherheit, mit der jedes Verdienst seiner endlichen Anerkennung entgegensehen kann. Hieraus entspringt es auch, daß, nachdem der hohe Wert eines Werkes einmal anerkannt und nicht mehr zu verhehlen, noch abzuleugnen ist, alsdann alle sich um die Wette beeifern, es zu loben und zu ehren; weil sie nämlich, im Bewußtsein des Xenophanischen σοφον ειναι δει τον επιγνωσομενον τον σοφον, sich selbst zu Ehren bringen; weshalb sie eilen, für sich zu ergreifen, was dem ihnen nun einmal unerreichbaren Preis des ursprünglichen Verdienstes zunächst liegt: die richtige Schätzung desselben. Daher geht es alsdann, wie bei einem zum Weichen gebrachten Heere, als wo, wie vorhin beim Kämpfen, jetzt beim Laufen jeder der vorderste sein will. Nunmehr nämlich eilt jeder, seinen Beifall dem anerkannt Preiswürdigen darzubringen, ebenfalls vermöge einer meistens ihm selbst verborgenen Anerkennung des oben (unter 5.) erörterten Gesetzes der Homogeneität, damit es nämlich scheine, als sei seine Art zu denken und zu schauen der des Gerühmten gleichartig, und um wenigstens die Ehre seines Geschmacks zu retten, da ihm nichts weiter übrig gelassen ist.

Von hier aus ist leicht abzusehen, daß der Ruhm zwar sehr schwer zu erlangen, einmal erlangt aber leicht zu bewahren ist; ingleichen, daß ein Ruhm, der schnell erfolgt, auch früh erlischt und es auch hier heißt quod cito fit, cito perit; indem begreiflicherweise Leistungen, deren Wert der gewöhnliche Menschenschlag so leicht erkennen und die Mitbewerber so willig gelten lassen konnten, auch nicht sehr hoch über dem Hervorbringungsvermögen beider stehen werden. Denn tantum quisque laudat, quantum se posse sperat imitari. Zudem ist, schon wegen des öfter erwähnten Gesetzes der Homogeneität, ein schnell eintretender Ruhm ein verdächtiges Zeichen: er ist nämlich der direkte Beifall der Menge. Was aber dieser auf sich habe, wußte Phokion, als er, bei dem über seine Rede laut gewordenen Volksbeifall, seine nahe stehenden Freunde fragte: „habe ich etwa unversehens etwas Schlechtes gesagt?" (Plutarch apophth.) Aus umgekehrten Gründen wird ein Ruhm, der von langem Bestande sein soll, sehr spät reifen, und die Jahrhunderte seiner Dauer müssen meistens mit dem Beifall der Zeitgenossen erkauft werden. Denn was so anhaltend in Geltung bleiben soll, muß eine schwer zu erlangende Trefflichkeit haben, welche auch nur zu erkennen schon Köpfe erfordert, die nicht jederzeit da sind, am wenigsten in hinreichender Anzahl, um sich vernehmbar machen zu können, während der stets wache Neid alles tun wird, ihre Stimme zu ersticken. Mäßige Verdienste hingegen, die bald anerkannt werden, laufen dafür Gefahr, daß ihr Besitzer sie und sich überlebt, so daß für den Ruhm in der Jugend ihm Obskurität im Alter zuteil wird; während, bei großen Verdiensten, man umgekehrt lange obskur bleiben, dafür aber im Alter glänzenden Ruhm erlangen wird. Sollte dieser jedoch sich sogar erst nach dem Tode einstellen; nun, so ist man denen beizuzählen, von welchen J e a n P a u l sagt, daß die letzte Ölung ihre Taufe sei, und hat sich mit den Heiligen zu trösten, die ja auch erst nach ihrem Tode kanonisiert werden. — So bewährt sich demnach was Mahlmann, im Herodes, sehr gut gesagt hat:

> „Ich denke, das wahre Große in der Welt
> Ist immer nur das, was nicht gleich gefällt.
> Und wen der Pöbel zum Gotte weiht,
> Der steht auf dem Altar nur kurze Zeit."

Beachtenswert ist es, daß diese Regel eine ganz unmittelbare Bestätigung an Gemälden hat, indem, wie die Kenner wissen, die größten Meisterwerke nicht sogleich die Augen auf sich ziehen, noch das erstemal bedeutenden Eindruck machen, sondern erst bei wiederholtem Besuch, dann aber immer mehr.

Übrigens hängt die Möglichkeit einer zeitigen und richtigen Würdigung gegebener Leistungen zunächst von der Art und Gattung derselben ab, je nachdem nämlich diese hoch oder niedrig, mithin schwer oder leicht zu verstehen und zu beurteilen ist, und je nachdem sie ein größeres oder kleineres Publikum hat. Diese letztere Bedingung hängt zwar größtenteils von der ersteren, zum Teil jedoch auch davon ab, ob die gegebenen Werke der Vervielfältigung fähig sind, wie Bücher und musikalische Kompositionen. Durch die Komplikation dieser beiden Bedingungen also werden die keinem

Nutzen fröhnenden Leistungen, als von welchen allein hier die Rede ist, in Hinsicht auf die Möglichkeit baldiger Anerkennung und Schätzung ihres Wertes, etwa folgende Reihe bilden, in welcher was am schnellsten seine richtige Würdigung zu hoffen hat voransteht: Seiltänzer, Kunstreiter, Ballettänzer, Taschenspieler, Schauspieler, Sänger, Virtuosen, Komponisten, Dichter (beide wegen der Vervielfältigung ihrer Werke), Architekten, Maler, Bildhauer, Philosophen: diese letzteren nehmen ohne Vergleich die letzte Stelle ein, weil ihre Werke nicht Unterhaltung, sondern bloß Belehrung verheißen, dabei Kenntnisse voraussetzen und viel eigene Anstrengung des Lesers verlangen; wodurch ihr Publikum äußerst klein wird und ihr Ruhm viel mehr Ausdehnung in der Länge, als in der Breite erhält. Überhaupt verhält der Ruhm sich in Hinsicht auf die Möglichkeit seiner Dauer ungefähr umgekehrt wie hinsichtlich der seines baldigen Eintritts, so daß danach obige Reihe in umgekehrter Ordnung gälte; nur daß alsdann Dichter und Komponisten, wegen der Möglichkeit ewiger Erhaltung aller schriftlichen Werke, dem Philosophen zunächst zu stehen kommen, dem jedoch nunmehr der erste Platz gebührt, wegen der viel größeren Seltenheit der Leistungen in diesem Fache, der hohen Wichtigkeit derselben und der Möglichkeit ihrer fast vollkommenen Übersetzung in alle Sprachen. Sogar überlebt bisweilen der Ruhm der Philosophen ihre Werke selbst; wie dies dem Thales, Empedokles, Herakleitos, Demokritos, Parmenides, Epikuros u. a. m. begegnet ist.

Nun aber andererseits, bei Werken, welche dem Nutzen, oder gar unmittelbar dem sinnlichen Genusse dienen, findet die richtige Würdigung keine Schwierigkeit, und ein ausgezeichneter Pastetenbäcker wird in keiner Stadt lange obskur bleiben, geschweige nötig haben, an die Nachwelt zu appellieren. —

Dem schnell eintretenden Ruhm ist auch der falsche beizuzählen, nämlich der künstliche, durch ungerechtes Lob, gute Freunde, bestochene Kritiker, Winke von oben und Verabredungen von unten, bei richtig vorausgesetzter Urteilslosigkeit der Menge, auf die Beine gebrachte Ruhm eines Werkes. Er gleicht den Ochsenblasen, durch die man einen schweren Körper zum Schwimmen bringt. Sie tragen ihn, längere oder kürzere Zeit, je nachdem sie wohl aufgebläht und fest zugeschnürt sind: aber die Luft transsudiert allmählich doch, und er sinkt. Dies ist das unvermeidliche Los der Werke, welche die Quelle ihres Ruhmes nicht i n s i c h haben: das falsche Lob verhallt, die Verabredungen sterben aus, der Kenner findet den Ruhm nicht bestätigt, dieser erlischt, und eine desto größere Geringschätzung tritt an seine Stelle. Hingegen die echten Werke, welche die Quelle ihres Ruhmes i n s i c h haben und daher zu jeder Zeit die Bewunderung von neuem zu entzünden vermögen, gleichen den spezifisch leichteren Körpern, die aus eigenen Mitteln sich stets oben erhalten, und so gehen sie den Strom der Zeit hinab.

Das aufrichtige Lob, welches bloß von der E i n s i c h t ausgeht, trägt einen ganz anderen Charakter als das falsche. Ihm geht vorher, was F e u c h t e r s l e b e n schön ausgedrückt hat:

„Wie doch die Menschen sich winden und wehren —
Um nur das Gute nicht zu verehren!"

Es kommt nämlich sehr langsam und spät, vereinzelt und karg gemessen, wird quentchenweise zugewogen und stets noch mit Restriktionen versetzt, so daß der Empfänger wohl sagen kann:

Χείλεα μεν τ' ἐδίην', ὑπερῴην δ' οὐκ ἐδίηνεν.
Jl. XXII. 495.

und dennoch trennt sich von ihm der Erteiler desselben nur mit Widerstreben. Denn es ist ein, der stumpfen, spröden, zähen und dabei neidischen Mittelmäßigkeit, durch die nicht länger zu verhehlende Größe echter Verdienste endlich abgedrungener und wider Willen abgezwungener Lohn: es ist der Lorbeer, welcher, wie Klopstock singt, des Schweißes der Edlen wert war: es ist, wie Goethe sagt, die Frucht

„Von jenem Mut, der früher oder später
Den Widerstand der stumpfen Welt besiegt."

Demgemäß verhält es sich zu jenem frechen Lobgehudel der Absichtsvollen, wie die schwer gewonnene, edle und aufrichtige Geliebte zur bezahlten Gassenhure, deren dick aufgetragenes Bleiweiß und Zinnober man am Hegel'schen Ruhme sogleich erkannt haben müßte, wenn man, wie gesagt, in Deutschland nur irgend f e i n wäre. Dann wäre nicht, zur nationalen Schande, auf so schreiende Art realisiert worden, was schon Schiller gesungen hatte:

„Ich sah des Ruhmes heil'ge Kränze
Auf der g e m e i n e n Stirn entweiht."

Jedoch auch, wenn man seinen Blick weiter ausdehnt und d a s L o b d e r Z e i t g e n o s s e n aller Zeiten überhaupt ins Auge faßt, wird man finden, daß dasselbe eigentlich immer eine Hure ist, prostituiert und besudelt durch tausend Unwürdige, denen es zuteil geworden. Wer könnte einer solchen Metze noch begehren? wer möchte auf ihre Gunst stolz sein? wer wird sie nicht verschmähen? — Hingegen ist der Ruhm bei der Nachwelt eine stolze, spröde Schöne, die sich nur dem Würdigen, dem Sieger, dem seltenen Helden hingibt. — So ist's. Und ist nebenbei daraus zu schließen, wie es um dieses bipedische Geschlecht bestellt sein muß; da Menschenalter, ja, Jahrhunderte erfordert sind, ehe aus seinen Hunderten von Millionen eine Handvoll Köpfe zusammenkommt, die Gutes von Schlechtem, Echtes von Unechtem, Gold von Kupfer zu unterscheiden fähig sind und die man demnach den Richterstuhl der Nachwelt nennt; welchem zudem noch der Umstand günstig ist, daß alsdann der unversöhnliche Neid der Unfähigkeit und die absichtsvolle Schmeichelei der Niederträchtigkeit verstummt sind, wodurch die Einsicht zum Worte gelangt.

Und sehn wir denn nicht, der besagten elenden Beschaffenheit des Menschengeschlechts entsprechend, zu allen Zeiten, die großen Genien, sei es in der Poesie, oder der Philosophie, oder den Künsten, dastehen, wie vereinzelte Helden, welche allein gegen den Andrang eines Heereshaufens den verzweifelten Kampf aufrecht erhalten? Denn die Stumpfheit, Roheit, Verkehrtheit, Albernheit und Brutalität der großen, großen Mehrheit des Geschlechts steht, in jeder Art und Kunst, ihrem Wirken ewig entgegen und bildet dadurch jenen feindlichen Heereshaufen, dem sie zuletzt doch unterliegen. Was auch solche einzelne Helden leisten mögen; es wird schwer erkannt, spät und nur auf Auktorität geschätzt und leicht, wenigstens auf eine Weile, wieder verdrängt. Denn immer von neuem wird gegen dasselbe das Falsche, das Platte, das Abgeschmackte zu Markte gebracht, und alles dieses sagt jener großen Mehrheit besser zu, behauptet also meistenteils den Kampfplatz. Mag auch vor derselben der Kritiker stehen und schreien, wie Hamlet, wann er seiner nichtswürdigen Mutter die zwei Bildnisse vorhält: „habt ihr Augen? habt ihr Augen?" — ach, sie haben keine! Wenn ich die Menschen beim Genusse der Werke großer Meister beobachte und die Art ihres Beifalls sehe; so fallen mir dabei oft die zur sogenannten Komödie abgerichteten Affen ein, die sich wohl ziemlich menschlich gebärden, dazwischen aber immer verraten, daß das eigentliche innere Prinzip jener Gebärden ihnen dennoch abgeht, indem sie die unvernünftige Natur durchblicken lassen.

Dem allen zufolge ist die oft gebrauchte Redensart, daß einer „über seinem Jahrhundert stehe", dahin auszulegen, daß er über dem Menschengeschlechte überhaupt steht, weshalb eben er nur von solchen unmittelbar erkannt wird, welche schon selbst sich bedeutend über das Maß der gewöhnlichen Fähigkeiten erheben: diese aber sind zu selten, als daß deren zu jeder Zeit eine Anzahl vorhanden sein könnte. Ist also jener in diesem Stücke nicht besonders vom Schicksale begünstigt, so wird er „von seinem Jahrhundert verkannt", d. h. so lange ohne Geltung bleiben, bis die Zeit allmählich die Stimmen der seltenen, ein Werk hoher Gattung zu beurteilen fähigen Köpfe zusammengebracht hat. Danach heißt es dann bei der Nachwelt: „der Mann stand über seinem Jahrhundert", statt „über der Menschheit": diese nämlich wird gern ihre Schuld einem einzigen Jahrhundert aufbürden. Hieraus folgt, daß wer über seinem Jahrhunderte gestanden hat, wohl auch über jedem andern gestanden haben würde; es sei denn, daß in irgend einem, durch einen seltenen Glücksfall, einige fähige und gerechte Beurteiler, in der Gattung seiner Leistungen, zugleich mit ihm geboren worden wären; wie, einem schönen indischen Mythos zufolge, wann Wischnu sich als Held inkarniert, dann zu gleicher Zeit Brahma als Sänger seiner Taten auf die Welt kommt; daher eben Valmiki, Vyasa und Kalidasa Inkarnationen des Brahma sind.*) — In diesem Sinne nun kann man sagen, daß jedes unsterbliche Werk sein Zeitalter auf die Probe stellt, ob nämlich es imstande sein werde, dasselbe zu erkennen: meistens besteht es die Probe nicht besser, als die Nachbarn des Philemon und Baukis, welche den unerkannten Göttern die Türe wiesen. Demnach geben den richtigen Maßstab für den intellektuellen Wert eines Zeitalters nicht die großen Geister, die in demselben auftraten; da ihre Fähigkeiten das Werk der Natur sind und die Möglichkeit der Ausbildung derselben zufälligen Umständen anheim gestellt war: sondern ihn gibt die Aufnahme, welche ihre Werke bei ihren Zeitgenossen gefunden haben: ob nämlich ihnen ein baldiger und lebhafter Beifall ward, oder ein später und zäher, oder ob er ganz der Nachwelt überlassen blieb. Dies wird besonders dann der Fall sein, wenn es Werke hoher Gattung sind. Denn der oben erwähnte Glücksfall wird umso gewisser ausbleiben, je wenigeren

---

*) Polier, mythol. d. Indous, Vol. 1. p. p. 172—190.

überhaupt zugänglich die Gattung ist, in der ein großer Geist arbeitet. Hier liegt der unermeßliche Vorteil, in welchem, hinsichtlich ihres Ruhmes, die Dichter stehen, indem sie beinahe allen zugänglich sind.

Weil nun dies alles sich so verhält, so ist, um etwas Großes zu leisten, etwas, das seine Generation und sein Jahrhundert überlebt, hervorzubringen, eine Hauptbedingung, daß man seine Zeitgenossen, nebst ihren Meinungen, Ansichten und daraus entspringendem Tadel und Lobe, für gar nichts achte. Diese Bedingung findet jedoch sich immer von selbst ein, sobald die übrigen beisammen sind: und das ist ein Glück. Denn wollte einer, beim Hervorbringen solcher Werke, die allgemeine Meinung oder das Urteil der Fachgenossen berücksichtigen; so würden sie, bei jedem Schritte, ihn vom rechten Wege abführen. Daher muß wer auf die Nachwelt kommen will, sich dem Einflusse seiner Zeit entziehen, dafür aber freilich auch meistens dem Einfluß auf seine Zeit entsagen und bereit sein, den Ruhm der Jahrhunderte mit dem Beifall der Zeitgenossen zu erkaufen.

Wann nämlich irgend eine neue und daher paradoxe Grundwahrheit in die Welt kommt; so wird man allgemein sich ihr hartnäckig und möglichst lange widersetzen, ja, sie noch dann leugnen, wann man schon wankt und fast überführt ist. Inzwischen wirkt sie im stillen fort und frißt, wie eine Säure, um sich, bis alles unterminiert ist: dann wird hin und wieder ein Krachen vernehmbar, der alte Irrtum stürzt ein, und nun steht plötzlich, wie ein aufgedecktes Monument, das neue Gedankengebäude da, allgemein anerkannt und bewundert. Freilich pflegt das alles sehr langsam zu gehen.

Denn auf wen zu hören sei merken die Leute in der Regel erst, wann er nicht mehr da ist, so daß das hear, hear! erschallt, nachdem der Redner abgetreten.

Ein besseres Schicksal hingegen erwartet die Werke gewöhnlichen Schlages. Sie entstehen im Fortgang und Zusammenhang der Gesamtbildung ihres Zeitalters, sind daher mit dem Geiste der Zeit, d. h. den gerade herrschenden Ansichten, genau verbunden und auf das Bedürfnis des Augenblicks berechnet. Wenn sie daher nur irgend einiges Verdienst haben; so wird dasselbe sehr bald anerkannt, und sie werden, als eingreifend in die Bildungsepoche ihrer Zeitgenossen, bald Anteil finden: ihnen wird Gerechtigkeit widerfahren, ja, oft mehr als solche, und dem Neide geben sie doch nur wenig Stoff; da, wie gesagt, tantum quisque laudat, quantum se posse sperat imitari. Aber jene außerordentlichen Werke, welche bestimmt sind, der ganzen Menschheit anzugehören und Jahrhunderte zu leben, sind, bei ihrem Entstehen, zu weit im Vorsprung, eben deshalb aber der Bildungsepoche und dem Geiste ihrer eigenen Zeit fremd. Sie gehören diesen nicht an, sie greifen in ihren Zusammenhang nicht ein, gewinnen also den darin Begriffenen kein Interesse ab. Sie gehören eben einer andern, einer höhern Bildungsstufe und einer noch fern liegenden Zeit an. Ihre Laufbahn verhält sich zu der jener andern, wie die des Uranus zu der des Merkur. Ihnen widerfährt daher, vorderhand, keine Gerechtigkeit: man weiß nicht, was man damit soll, läßt sie also liegen, um seinen kleinen Schneckengang fortzusetzen. Sieht doch auch das Gewürm nicht den Vogel in der Luft.

Die Zahl der Bücher, welche in einer Sprache geschrieben werden, mag sich zur Zahl derjenigen, welche ein Teil ihrer eigentlichen und bleibenden Literatur werden, verhalten ungefähr wie Hunderttausend zu Eins. — Und welche Schicksale haben diese letzteren meistens zu überstehen, ehe sie, jene Hunderttausend vorbeisegelnd, auf dem ihnen gebührenden Ehrenplatz anlangen! Sie sind sämtlich die Werke ungewöhnlicher und entschieden überlegener Köpfe, und eben deshalb von den andern spezifisch verschieden; was denn auch früher oder später zutage kommt.

Man denke nicht, daß es mit diesem Gange der Dinge sich jemals bessern werde. Die elende Beschaffenheit des Menschengeschlechts nimmt zwar in jeder Generation eine etwas veränderte Gestalt an, ist aber zu allen Zeiten dieselbe. Die ausgezeichneten Geister dringen selten bei Lebzeiten durch; weil sie im Grunde doch bloß von den ihnen schon verwandten ganz und recht eigentlich verstanden werden.

Da nun den Weg zur Unsterblichkeit, aus so vielen Millionen, selten auch nur einer geht; so muß er notwendig sehr einsam sein, und wird die Reise zur Nachwelt durch eine entsetzlich öde Gegend zurückgelegt, die der lybischen Wüste gleicht, von deren Eindruck bekanntlich keiner einen Begriff hat, als wer sie gesehen. Inzwischen empfehle ich zu dieser Reise vor allem leichte Bagage; weil man sonst zu vieles unterwegs abwerfen muß. Man sei daher stets des Ausspruches Balthasar Gracians eingedenk: lo bueno, si breve, dos vezes bueno (Das Gute, wenn kurz, ist doppelt gut), welcher überhaupt den Deutschen ganz besonders zu empfehlen ist. —

Zu der kurzen Spanne Zeit, in der sie leben, verhalten

sich die großen Geister wie große Gebäude zu einem engen Platze, auf dem sie stehen. Man sieht nämlich diese nicht in ihrer Größe, weil man zu nahe davor steht; und aus der analogen Ursache wird man jene nicht gewahr; aber wann ein Jahrhundert dazwischen liegt, werden sie erkannt und zurückgewünscht.

Ja, selbst der eigene Lebenslauf des vergänglichen Sohnes der Zeit, der ein unvergängliches Werk hervorgebracht hat, zeigt zu diesem ein großes Mißverhältnis, — analog dem der sterblichen Mutter, wie Semele, oder Maja, die einen unsterblichen Gott geboren hat, oder dem entgegengesetzten der Thetis zum Achill. Denn Vergängliches und Unvergängliches stehen in zu großem Widerspruch. Seine kurze Spanne Zeit, sein bedürftiges, bedrängtes, unstetes Leben wird selten erlauben, daß er auch nur den Anfang der glänzenden Bahn seines unsterblichen Kindes sehe, oder irgend für das gelte, was er ist. Sondern ein Mann von Nachruhm bleibt das Widerspiel eines Edelmannes, als welcher ein Mann von Vorruhm ist.

Inzwischen läuft, für den Berühmten, der Unterschied zwischen dem Ruhme bei der Mitwelt und dem bei der Nachwelt, am Ende bloß darauf hinaus, daß beim ersteren seine Verehrer von ihm durch den Raum, beim andern durch die Zeit getrennt sind. Denn unter den Augen hat er sie, auch beim Ruhm der Mitwelt, in der Regel nicht. Die Verehrung verträgt nämlich nicht die Nähe; sondern hält sich fast immer in der Ferne auf; weil sie, bei persönlicher Gegenwart des Verehrten, wie Butter an der Sonne schmilzt. Demnach werden selbst den schon bei der Mitwelt Berühmten neun Zehntel der in seiner Nähe Lebenden bloß nach Maßgabe seines Standes und Vermögens estimieren, und allenfalls wird beim übrigen Zehntel, infolge einer aus der Ferne gekommenen Kunde, ein dumpfes Bewußtsein seiner Vorzüge stattfinden. — Sind demnach die Hochberühmten, hinsichtlich der Anerkennung und Verehrung, immer auf die Ferne gewiesen, so kann es ja so gut die zeitliche, wie die räumliche sein. Freilich erhalten sie bisweilen aus dieser, aber nie aus jener, Kunde davon: dafür jedoch ist das echte, große Verdienst imstande, seinen Ruhm bei der Nachwelt mit Sicherheit zu antizipieren. Ja, wer einen wirklich großen Gedanken erzeugt, wird, schon im Augenblicke der Konzeption desselben, seines Zusammenhanges mit den kommenden Geschlechtern inne; so daß er dabei die Ausdehnung seines Daseins durch Jahrhunderte fühlt und auf diese Weise, wie f ü r die Nachkommen, so auch m i t ihnen lebt. Wenn nun andrerseits wir, von der Bewunderung eines großen Geistes, dessen Werke uns eben beschäftigt haben, ergriffen, ihn zu uns heranwünschen, ihn sehen, sprechen, und unter uns besitzen möchten; so bleibt auch diese Sehnsucht nicht unerwidert: denn auch er hat sich gesehnt nach einer anerkennenden Nachwelt, welche ihm die Ehre, Dank und Liebe zollen würde, die eine neiderfüllte Mitwelt ihm verweigerte.

7.

Wenn nun also die Geisteswerke der höchsten Art meistens erst vor dem Richterstuhle der Nachwelt Anerkennung finden; so ist ein umgekehrtes Schicksal gewissen glänzenden Irrtümern bereitet, welche, von talentvollen

Leuten ausgehend, so scheinbar begründet auftreten und mit so viel Verstand und Kenntnis verteidigt werden, daß sie, bei ihren Zeitgenossen, Ruhm und Ansehen erlangen und, wenigstens so lange ihre Urheber leben, sich auch darin erhalten. Dieser Art sind manche falsche Theorien, falsche Kritizismen, auch Gedichte und Kunstwerke in einem vom Vorurteile der Zeit geleiteten, falschen Geschmack oder Manier. Das Ansehen und die Geltung aller solcher Dinge beruht darauf, daß die noch nicht da sind, welche sie zu widerlegen, oder sonst das Falsche derselben nachzuweisen verstehen. Meistens jedoch bringt diese schon die nächste Generation heran; und dann hat die Herrlichkeit ein Ende. So ist denn der Richterstuhl der Nachwelt, wie im günstigen, so auch im ungünstigen Fall, der gerechte Kassationshof der Urteile der Mitwelt. Darum ist es so schwer und so selten, der Mitwelt und der Nachwelt gleichmäßig Genüge zu leisten.

Diese unausbleibliche Wirkung der Zeit auf die Berichtigung der Erkenntnis und des Urteils sollte man überhaupt im Auge behalten, um sich damit zu beruhigen, so oft, sei es in Kunst und Wissenschaft, oder im praktischen Leben, starke Irrtümer auftreten und um sich greifen, oder ein falsches, ja grundverkehrtes Beginnen und Treiben sich geltend macht und die Menschen ihren Beifall dazu geben. Da soll man nämlich sich nicht ereifern, noch weniger verzagen, sondern denken, daß sie schon davon zurückkommen werden und nur der Zeit und Erfahrung bedürfen, um selbst, aus eigenen Mitteln, das zu erkennen, was der schärfer Sehende auf den ersten Blick sah. — Wenn die W a h r h e i t aus dem Tatbestande der Dinge spricht, braucht man nicht ihr mit

Worten gleich zu Hilfe zu kommen: die Zeit wird ihr zu tausend Zungen verhelfen. — Die Länge dieser Zeit wird freilich der Schwierigkeit des Gegenstandes und der Scheinbarkeit des Falschen angemessen sein; aber auch sie wird ablaufen, und in vielen Fällen würde es fruchtlos sein, ihr vorgreifen zu wollen. Im schlimmsten Falle wird es zuletzt im Theoretischen gehen, wie im Praktischen, wo Täuschung und Betrug, durch den günstigen Erfolg dreist gemacht, immer weiter und weiter getrieben werden, bis die Entdeckung fast unvermeidlich eintritt. So nämlich wächst auch im Theoretischen, mittelst der blinden Zuversicht der Dummköpfe, das Absurde immer höher, bis es endlich so groß geworden, daß auch das blödeste Auge es erkennt. Daher soll man zu dergleichen sagen: je toller, je besser! Auch kann man sich stärken durch den Rückblick auf alle die Flausen und Marotten, die schon ihre Zeit gehabt haben und dann gänzlich beseitigt wurden. Im Stil, in der Grammatik und Orthographie gibt es solche, denen nur eine Lebenszeit von drei bis vier Jahren beschieden ist. Bei den großartigeren wird man freilich die Kürze des menschlichen Lebens zu beklagen haben, allemal aber wohl tun, hinter seiner Zeit zurückzubleiben, wann man sieht, daß sie selbst im Zurückschreiten begriffen ist. Denn es gibt zweierlei Art nicht au niveau de son temps zu stehen: darunter oder darüber.

REGISTER

Abweg der Musik 150.
Anakreon 98.
Angelus Silesius 98.
Ariosto 194.
Aristoteles 54.
Äschylus 14.
Ästhetische Anschauung 29.
Ästhetisch Betrachtende, der 38.
Ästhetisches Wohlgefallen 77.

Bako 68.
Ballet 151.
Beethoven 9. 24. 148. 189.
Beifall 187 f.
Bescheidenheit 195.
Bichat 72.
Bildung 160.
Bronzino 187.
Brunus 51.
Byron 70. 101.

Cervantes 196.
Chamfort 68.
Cuvier 70.

Dante 189.
Demokritos 201.
Descartes 25.
Dichtkunst 96.
Ding an sich 26. 35.
Dissonanz und Konsonanz 145.

Don Juan 96. 163 f.
Drama 101.
Dur und Moll 146.

Ekelhafte, das 86.
Empedokles 201.
Epikuros 79. 201.
Epos 101.
Erhabene, das 80.

Farben und Töne 170. 180.
Fechner 14.
Feuchtersleben 202.
Feuerbach 7 f.

Gehör 172 f.
Generalbaß 24. 165.
Genie 27. 43 f. 187. 192. 195.
Geräusch 176. 182.
Gluck 153.
Goethe 18. 49. 54. 59. 62. 66. 71. 75. 76. 95. 100. 141. 165. 176. 182, 193, 196. 203.
Gracian 209.
Grunsky 15.

Harmonie 113 f. 130 f. 135.
Haydn 148. 161.
Hegel 14. 19. 203.
Herakleitos 201
Herbart 14.
Herwegh 7.

Hesiod 198.
Holländer, fliegender 10.
Homer 101. 193.
Hood 186.
v. Hornstein 7.

Ignorieren 197.
Jean Paul 46. 49. 52. 176. 182. 200.
Johnson 106.

Kant 14. 25. 34. 72. 176. 182. 193.
Klopstock 203.
Komponist 117. 123.
Kritik 188 f.
Kunst, die Erkenntnis der Ideen 37.

Lärm 176 f. 182 f.
Leibniz 25. 110. 125.
Lichtenberg 176 f. 182.
Lohengrin 11.
Lotze 14.
Lyrik 99.

Macchiavelli 68. 198.
Mahlmann 200.
Malende Musik 147.
Meistersinger 11.
Melodie 115. 122. 126. 138. 147. 150. 154.
Messe 154 f.
Moll 118.
Mozart 8. 24. 75. 148. 154. 162 f. 189.
Musik 109 f.

Neid 193.
Nietzsche 10 f. 14. 30.
Norma 166.

Oper 95. 119. 133. 150.
Orchester 167.
Ossian 101.
Ouvertüre 156.

Parmenides 201.
Parsifal 13.
Philosophie und Kunst 159.
Phokion 199.
Plato 25. 193.
Platonische Idee 33. 93. 112.
Plutarch 199.
Poetische Gerechtigkeit 105.
Polyhymnia 169.
Potpourri 157.
Pytagoras 125.

Quartett 152.

Rameau 148. 165.
Rangordnung der Künste 29.
Raphael 73. 162 f.
Reizende, das 86.
Rhythmus 140.
Ring des Nibelungen 11.
Roman 101.
Romberg 161.
Rossini 8. 24. 120. 148. 154. 155. 195.
Rousseau 125.
Ruhm 187 f.

Schauspieler 157 f.
Schelling 14.

Schiller 203.
Schöne, das 81. 86 f.
Scott 168.
Shakespeare 95. 106. 163 f. 189. 193. 196.
Sinne, die 170 f.
Sophocles 107.
Spinoza 25.
Symphonie 134. 155.

Tannhäuser 11.
Text 119. 132. 149. 153.
Thales 201.
Thilo 69.
Ton 179.
Töne und Farben 180.
Trauerspiel 104.
Tristan und Isolde 11.

Urteil 187 f.

Vaudeville 156.
Vergleiche 188.
Vischer-Köstlin 14.
Voltaire 92. 107.
Vorhalt 144.

Wagner 7 f. 24.
Wahnsinn 76.
Weber 24.
Weiße 14.
Wesen, inneres der Kunst 89.
Wesendonk 7.
Wilhelm Meister 167.
Wille 26. 113. 121. 131. 136.
Wunderhorn 98. 100.

Xenophanes 198.

Zauberflöte 167 f.
Zimmermann 14.